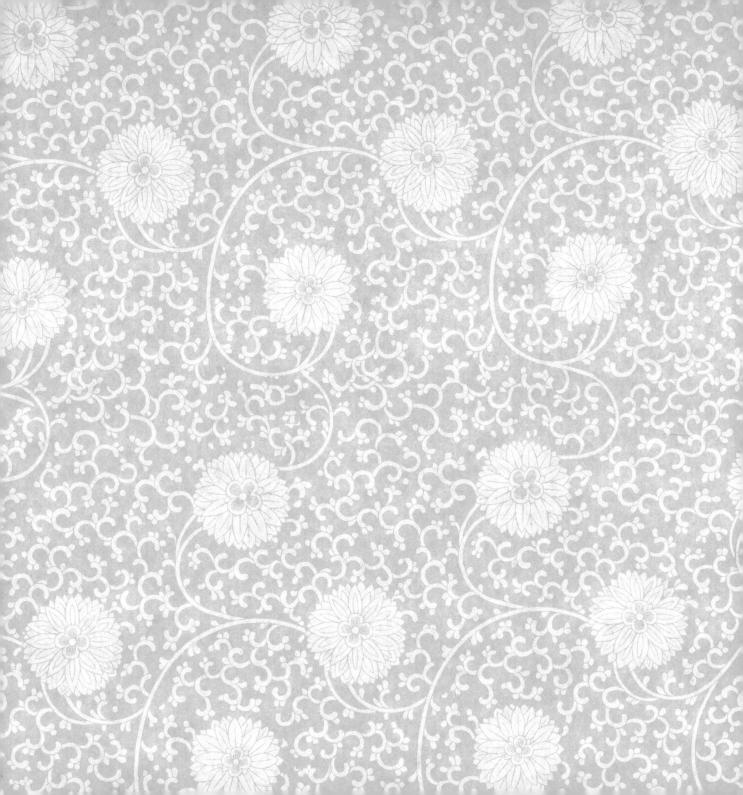

ウー・ウェンの 鍋スープ

はじめに

　空気が乾燥して肌寒くなってくると、いよいよお鍋の出番です。家族や親しい友人と囲むお鍋は、温かな食卓を象徴する料理のひとつ。いろいろな具材を入れて楽しんだら、最後はごはんか麺でシメにして──。でも、お鍋はじつはもっともっと自由な料理なのだと言ったら、皆さん驚かれるでしょうか。

　この本で紹介するのは、いつでも気軽に作れて、さまざまなシチュエーションで食べられるお鍋です。中国では、「鍋底」といって牛骨などをコトコト煮て、鍋のベースとなるスープを作る文化がありますが、そういった手の込んだことはお店にまかせることにして、家庭で食べるお鍋はできるだけシンプルに、そして健康を第一に考えます。

　材料は、肉や魚、豆腐などのたんぱく質となにかしらの野菜があればじゅうぶん。もちろん、だしをひく必要もありません。ほとんどのたんぱく質は、だしの素となる旨味をもっていますから、その旨味をうまく引き出せばいいのです。スープの味つけもシンプルに。たれをいくつか用意しておけば、手元で自分好みの味にアレンジするのもかんたんです。

　そして、お鍋はなにも大勢で食べなければならないというものではありません。ひとりの食卓でも、お鍋は楽しめます。レシピの分量を少なめに、小鍋で作ればいいのです。たんぱく質と野菜が入った鍋は栄養バランスがよく、旨味たっぷりの水分もとれますから、ひとり暮らしの方こそ食べていただきたい。そう、お

鍋はとても自由で包容力のある料理なのです。

　暑い夏には、ゴーヤーや冬瓜など旬の野菜を使いましょう。体にこもった熱を払ってくれ、体を潤してくれます。冷房で冷えてしまった体を温めることも大切です。そして、ちょっと目先を変えたかったら、ウー自慢の中国鍋をぜひ試してみてください。麻辣味や腐乳味など中国でもポピュラーで、日本の皆さまのお口にも合うレシピを厳選して紹介しています。

　そしてこの本のもうひとつの主人公がスープです。忙しいとき、食欲のないとき、なにかもの足りないとき、スープがあれば安心ではないですか？　お腹も温かく満たされ、栄養も水分もしっかりとれるスープは、つねに食卓の友としていただきたい料理です。

　今回は、なるべく時間をかけずに作れる、滋味豊かなスープをたくさん紹介しています。こちらももちろんだしいらず。素材から旨味を引き出すテクニックをぜひ身につけてください。一度そのセオリーを覚えたら、応用も自由自在。レシピに頼らず、その日、冷蔵庫にあるもので、おいしいスープを作ることができるようになるはずです。

　人間の体はその60パーセントが水分だといいます。自分が食べるものでしか体は作れませんし、健康を保つこともできません。日頃から良質な水分をとることを意識して、このお鍋とスープのレシピを活用していただけたら、こんなにうれしいことはありません。

ウー・ウェン

はじめに ……………………… 2

ひとりでも大勢でも楽しめる。
鍋はとても自由な料理です ……… 8

ひと味違うたれが
鍋をごちそうにしてくれます ……… 10
　ポン酢／黄金だれ（中国式ポン酢）／腐乳だ
　れ／基本の辣油／ピーナッツ辣油／豆豉入
　り辣油／花椒粉

素材のおいしい水分を飲む。
いちばん気軽なスープの考え方 …… 90

◎ 鍋 …………………………… 6

● 素材ふたつで作る鍋

玉ねぎと鶏もも肉の鍋 ……………… 12
カリフラワーの豆乳鍋 ……………… 14
かぶと豚肉の鍋 ……………………… 16
牛肉とクレソンの鍋 ………………… 18
がんもどきと豆苗の鍋 ……………… 20
厚揚げと水菜のごま風味鍋 ………… 22
骨つき鶏もも肉とケールの水炊き … 24
豚肉と白菜の鍋 ……………………… 26
ゆばともやしの鍋 …………………… 28
鶏肉とささがきごぼうの鍋 ………… 30

● 魚介が主役の鍋

ぶりのしゃぶしゃぶ　麻辣風味鍋 …… 32
酒鍋 …………………………………… 34
サーモンと焼き豆腐、青梗菜の鍋 …… 36
かじきの高菜漬け鍋 ………………… 38
はまぐりと豆腐、たけのこの鍋 …… 40
えび団子鍋 …………………………… 42
えび餃子鍋 …………………………… 44
いかと豆腐のピリ辛鍋 ……………… 46

● 肉団子鍋

鶏肉団子の酒粕風味鍋 ……………… 48
鶏肉団子とわかめ、しめじ、
山芋すりおろしの鍋 ………………… 50
豚肉団子と小松菜、エリンギの鍋 …… 52
豚肉団子とれんこん、セロリの鍋 …… 54
合いびき肉団子と
ブロッコリー、玉ねぎの鍋 ………… 56
合いびき肉団子と春菊、長ねぎの鍋 … 58

● 中国鍋

羊のしゃぶしゃぶ（涮羊肉）………… 60
麻辣鍋 ………………………………… 62
茶鍋 …………………………………… 64
酸菜鍋 ………………………………… 66
菊花鍋 ………………………………… 68
腐乳鍋 ………………………………… 70
ココナッツ鍋 ………………………… 72
かた焼きそばの海鮮鍋 ……………… 74
八宝うどん鍋 ………………………… 76

● 夏も鍋

冬瓜と貝柱の鍋 ……………………… 78
トマトと羊肉のミント鍋 …………… 80
豚しゃぶと香味野菜の鍋 …………… 82
豆腐とオクラ、ズッキーニの鍋 …… 84
牛しゃぶとレタスの鍋 ……………… 86

◎ スープ 88

● 毎日を助けてくれる クイックスープ

長ねぎ焦がしスープ 92
卵があれば、いつでも栄養満点スープ ... 94
　トマトと卵のスープ／きゅうりと卵のスープ／グリーンピースと卵のスープ／とうもろこしと卵のスープ／オクラと卵のスープ
大根と油揚げのスープ 96
細ねぎと油揚げのスープ 97
桜えびのスープ 98
　桜えびとキャベツのスープ／桜えびとレタスのスープ
豚バラ肉と里芋のスープ 99
漬けものはだしの素。
発酵の旨味を水分に移して 100
　ザーサイと卵のスープ／高菜漬けと厚揚げのスープ／冬菜と豆腐のスープ／野沢菜漬けとちくわのスープ

● 体調を整えるには スープがいちばんです

丸ごと玉ねぎと手羽中のスープ 102
長芋と白きくらげの豆乳スープ 104
酸辣湯 105
れんこんとはすの実、
はとむぎ、生麩のスープ 106
春雨と干しえび、
ゆりね、クコの実のスープ 107
豆腐とカニ、マコモダケのスープ 108
九条ねぎとじゃこ、ゆば、
白味噌のスープ 109

さくいん 110

◎レシピの表記について
1カップは200ml、大さじ1は15ml、小さじ1は5mlです。

◎鍋での調理について
鍋のレシピは、炒める工程がある場合は別の炒め鍋を使用してください。土鍋で炒めると割れる危険性があります。ただし、炒めることのできる土鍋や、金属製の鍋の場合は、ひとつの鍋ですべて調理できます。

鍋

クッキングサロンの生徒さんや読者の皆さんからよく聞くのは、
「お鍋だとワンパターンになってしまう」という悩み。
白菜、春菊などの野菜に鶏肉や白身魚などを入れる寄せ鍋に
いつも同じポン酢だと、飽きてしまうのも無理はありません。
たとえばポン酢を違うたれに変えてみる。
具材の組み合わせをシンプルにしてみる。野菜の切り方を変えてみる。
それだけで、ひと味違うおいしさが生まれます。
もっと気軽で包容力豊かな鍋の世界へ、さっそくご案内いたしましょう。

ひとりでも大勢でも楽しめる。

紹介するのはシンプルな鍋がほとんどです。具材の組み合わせ、だしの考え方など

たんぱく質と野菜、
ふたつの素材で立派な鍋ができます

基本となる具材の組み合わせは、たんぱく質と野菜。肉や魚介、油揚げなどの大豆製品はそれ自体が旨味をもつ素材ですから、炒めたり、煮たりすることで自然とスープに旨味が溶けだします。これが、かつお節や昆布などだし素材を用意する必要がない理由です。また、野菜の使い方で気をつけたいことは、あまり煮込み時間が長くならないようにすること。先に火が通っているたんぱく質と、後から加える野菜が同じタイミングでおいしさのピークを迎えるためには、野菜をせん切りにしたり、スライサーで薄く切るなど、さっと火が通るようなひと工夫をしておくとよいでしょう。

鍋はとても自由な料理です

ちょっとしたヒントを頭に入れておけば、気軽に鍋が作れるようになります。

「だし」を使うときは
ほんの少しの風味づけに

肉や魚介などの旨味を利用することで、特別なだしが必要ないことは先にお話ししました。けれど、肉や魚介などを煮込むのではない鍋、たとえばしゃぶしゃぶなどの場合は、水分にほんの少し風味を加えます。昆布のだしがきいた水分で豚肉をしゃぶしゃぶすれば、旨味同士が響き合って肉がよりおいしくなります。いろいろな具材の旨味が渾然一体となったおいしさもありますが、素材のおいしさを味わうにはシンプルがいちばん。昆布の風味だけでじゅうぶんなのです。

食べながら完成させるのが、
鍋の楽しみのひとつ

一気呵成に仕上げてハフハフしつつ食べる鍋もおいしいですが、それぞれの具材を味わいながら食べる鍋もよいものです。たとえば48ページからの肉団子鍋を卓上コンロで作ってみましょう。肉団子が煮上がったら味つけをし、半分食べてから野菜を入れます。できたての肉団子のおいしさは格別ですし、鍋を囲む人たちとわいわいにぎやかに過ごす時間こそごちそうです。レシピは味の道案内、一度はその通りに作ってほしい。でもそこから先は自由に楽しんでください。

ひと味違うたれが鍋をごちそうにしてくれます

たれが何種類かあれば、鍋もワンパターンになりません。味は食べる人が手元で決めればよいのです。
ウー家の自家製ポン酢のほか、中国でおなじみの腐乳だれなどを紹介します。

ポン酢

好みの柑橘果汁でオリジナルの味を

◎ 材料（作りやすい分量）

ゆず果汁など	100ml
醤油	100ml
酒	50ml
昆布（5×10cm）	1枚
かつお節	10g

◎ 作り方

1. 鍋に醤油、酒を入れて中火にかけ、1分煮立たせたら a、火を止め、自然に冷ます。
2. 清潔な容器に昆布、かつお節を入れて 1 を注ぎ b、ゆず果汁を加える c。冷蔵庫で1日寝かせてから使う（時間が経つにつれてまろやかになるが、10日ほどで使いきる）。

a

b

c

黄金だれ（中国式ポン酢）

醤油と黒酢のW発酵調味料で旨味たっぷり

◎ 材料（作りやすい分量）

A
醤油	100ml
黒酢	100ml
酒	50ml

B
生姜（みじん切り）	20g
長ねぎ（みじん切り）	10cm分
ごま油	50ml
粗挽き黒こしょう	小さじ1

◎ 作り方

1. Aを鍋に入れて中火にかけ、1分煮立たせたら火を止め、B、黒こしょう、ごま油を加える。

腐乳だれ

中国では鍋の友。濃厚な旨味と風味を味わって

◎ 材料（作りやすい分量）

A
腐乳	50g
腐乳汁	大さじ3
練りごま（白）	大さじ2

B
醤油	大さじ2
黒酢	大さじ2
花椒粉	大さじ1/2

◎ 作り方

1. Aをよく混ぜ合わせて a、Bでのばす b。
2. 1に花椒粉を加えてよく混ぜる c。

a

b

c

基本の辣油

かんたんに作れる
万能調味料です

◎ 材料（作りやすい分量）
粗挽き唐辛子（韓国産）
　　　　　　　　　………… 大さじ3
水 ……………………… 大さじ2
花椒粉 ………………… 小さじ1
炒りごま（白） ………… 大さじ1
ごま油 ………………… 大さじ3

◎ 作り方
1　粗挽き唐辛子に水を加えて混ぜa、しばらくおいてなじませる。
2　炒め鍋にごま油、1を入れ、しっかり混ぜ合わせて中火にかける。
3　周囲がふつふつとしてきたらb弱火にし、粗挽き唐辛子の水分を飛ばす。
4　全体が沸き立ち、香りが出てきたら火を止め、鍋底を濡れ布巾に当てて温度を下げ、炒りごまと花椒粉を加えc、全体になじませる。

a

b

c

ピーナッツ辣油

ちぎり唐辛子と
ピーナッツの楽しい食感

◎ 材料（作りやすい分量）
唐辛子 ………………… 20本
花椒 …………………… 20粒
バターピーナッツ（粗く砕く）
　　　　　　　　　……… 15粒分
太白ごま油 …………… 大さじ4

◎ 作り方
1　唐辛子は粗くちぎり、ボウルに入れる（種は好みで）a。
2　炒め鍋に太白ごま油と花椒を入れて中火にかけb、香りが出たら1にかけてc、混ぜ、バターピーナッツを加える。

a

b

c

豆豉入り辣油

鍋のほかあえものにも活躍。
やみつき麻辣味

◎ 材料（作りやすい分量）
唐辛子（輪切り） ……… 5g
豆豉 …………………… 20g
花椒粉 ………………… 大さじ1/2
酒 ……………………… 大さじ2
醤油 …………………… 大さじ2
黒酢 …………………… 大さじ1
ごま油 ………………… 大さじ4

◎ 作り方
1　豆豉を粗く刻むa。
2　炒め鍋にごま油、1を入れて中火にかけ、香りが出たら唐辛子を入れて炒め合わせるb。
3　2に酒、醤油、黒酢を入れて煮立たせたら火を止め、花椒粉を入れるc。

a

b

c

● **花椒粉** 手作りならではの新鮮な香り

◎ 作り方
1　炒め鍋に花椒を入れて中火にかけ、色が濃く、茶色に変わるまでしっかりと炒るa。
2　すり鉢にとって少し冷まし、好みの細かさにするb、c。

◎ 材料（作りやすい分量）　花椒（粒） ………… 大さじ3

a

b

c

素材ふたつで作る鍋

最初に紹介するのは、
たんぱく質と野菜のふたつの素材でできる
いちばん気軽な鍋です。
肉や魚介や大豆製品の旨味がだしとなって、
野菜もたっぷり食べられるのがうれしい。
スープの味つけもシンプルにしていますので、
ときには好みのたれで
味を変えてみても楽しいと思います。

玉ねぎと鶏もも肉の鍋

鶏もも肉をきちんと湯通ししてアクを取り除けば、
すっきりきれいなスープのできあがり。
さっと煮ただけの玉ねぎのおいしさもこの鍋自慢の味です。

素材ふたつ

◎ 材料（2〜3人分）

鶏もも肉	1枚	酒	1/2カップ
玉ねぎ	2個	水	2と1/2カップ
粒こしょう（黒）	15粒	粗塩	小さじ1/2

◎ 作り方

1 鶏もも肉はひと口大に切り、水（分量外）からゆでて、アクをよけて取り出し a、水気をきる。
2 鍋に1、粒こしょう、酒、水を入れて中火にかけ、煮立たせたら弱火にして蓋をし、12分煮る。
3 玉ねぎは皮を除き、繊維を断ち切るようにスライサーで薄切りにして b、2にのせる。透明感が出たら粗塩で味を調え、火を止める。

※粒マスタードを添えてもおいしい。

a

b

カリフラワーの豆乳鍋

温かな白に目を奪われる鍋です。ほろほろと崩れるカリフラワーの口当たり、豆乳のまろやかさが体をやさしく温めてくれます。カリフラワーが出回る初冬にぜひ。

◎ 材料（2〜3人分）

カリフラワー（小）	1個
水	1カップ
豆乳	2カップ
粗挽き黒こしょう	少々
粗塩	小さじ1/2

※カリフラワーは大きめのものなら1/2個で。

◎ 作り方

1 カリフラワーの芯に切り込みを入れる a。
2 鍋に水と1を入れて中火にかけ、煮立たせたら弱火にして蓋をし、10分蒸し煮にする。
3 2に豆乳を加えて b、再び煮立たせ、ふきこぼれないように蓋をずらし、さらに7〜8分煮る。粗塩で味を調え、黒こしょうをふる。

※豆豉入り辣油やピーナッツ辣油（p.11）で味を変えても美味。

a

b

素材ふたつ

かぶと豚肉の鍋

煮ると繊維が口に残りがちなかぶも、繊維を断ち切って薄くスライスすれば
おいしさを損なうことがありません。野菜をおいしく、手早く食べるコツのひとつ。

◎ 材料（2〜3人分）

豚肩ロース肉（薄切り）	250g	水	2と1/2カップ
かぶ	3個	粗塩	小さじ1/2
粗挽き黒こしょう	小さじ1/3	太白ごま油	大さじ1
酒	1/2カップ		

◎ 作り方

1 かぶは洗って皮を除き、実の繊維を断ち切るようにスライサーで薄切りにする a。
2 炒め鍋に太白ごま油を入れ、豚肩ロース肉を広げて中火にかけ、色が変わるまで炒め b、酒を注いで煮立たせる c。
3 2を鍋に移し、水を加えて煮立たせ、弱火にして蓋をし、5分煮る。
4 3に1を加えてさっと煮る。粗塩で味を調え、黒こしょうをふる。

※わさびを添えてもおいしい。

a

b

c

素材ふたつ

牛肉とクレソンの鍋

牛肉はパワフルな素材なので、風味も香りも豊かなクレソンをたっぷり添えます。
ほのかに花椒がきいた鍋は、ワインや日本酒などお酒といっしょにいただいても。

◎ 材料（2〜3人分）

牛肉（すき焼き用）	250g
クレソン	2束
花椒	10粒
酒	1/2カップ
水	2と1/2カップ
粗塩	小さじ1/2
太白ごま油	大さじ1

からし酢醤油ごま油（混ぜ合わせる）

醤油	大さじ1と1/2
黒酢	大さじ1と1/2
ごま油	大さじ1
からし	小さじ1

◎ 作り方

1 クレソンは長さ半分に切る。
2 炒め鍋に太白ごま油、花椒を入れて中火にかけ、香りが出たら牛肉を入れて色が変わるまで焼きa、酒を注いで煮立たせるb。
3 2を鍋に移し、水を入れて煮立たせたらアクをとりc、弱火にして蓋をし、3分ほど煮る。
4 3にクレソンをのせてさっと煮、粗塩で味を調える。
5 からし酢醤油ごま油をつけていただく。

a

b

c

素材ふたつ

がんもどきと豆苗の鍋

豆苗のシャキシャキした歯ざわりがごちそうです。がんもどきから滲み出す
やさしい旨味とピリ辛の味噌味で、ごはんがすすむ鍋になりました。

◎ 材料（2～3人分）

がんもどき	6個	豆板醤	大さじ1/2
豆苗	2袋	味噌	大さじ1
水	3カップ	ごま油	大さじ1と1/2

◎ 作り方

1　豆苗は根を切り除く。
2　炒め鍋にごま油、豆板醤、味噌を入れてよく混ぜa、中火にかける。香りが出たら水を加えてのばすb。
3　2を鍋に移し、がんもどきを入れて煮立たせる。3～4分煮て、豆苗を加えて蓋をし、さっと煮る。

a

b

厚揚げと水菜のごま風味鍋

さっと火を通すだけで食べられる水菜は、鍋料理の頼もしい助っ人です。
練りごま醤油風味のスープを吸って、ふっくらとした厚揚げと合わせていただきます。

◎材料（2〜3人分）

厚揚げ ………………… 2枚（約300g）	水 ………………… 3カップ
水菜 ………………… 1束	豆板醤ごま油（混ぜ合わせる）
花椒粉 ………………… 小さじ1/2	豆板醤 ………………… 大さじ1/2
A（混ぜ合わせる）	ごま油 ………………… 大さじ1/2
練りごま（白）………………… 大さじ2	
醤油 ………………… 大さじ1	
粗塩 ………………… 小さじ1/3	

◎作り方

1 厚揚げは1.5cm幅に切る。水菜は5cm長さに切り、茎と葉は分けておく。
2 鍋にAを入れて水を少しずつ加え a、しっかりとのばして b 中火にかけ、煮立たせたら厚揚げを加え c、弱火にして蓋をし、5分煮る。
3 水菜の茎、葉の順にのせ、さっと煮て、花椒粉をふる。
4 豆板醤ごま油につけていただく。

a

b

c

素材ふたつ

骨つき鶏もも肉とケールの水炊き

ビタミンやカロテン豊富なケールは、ブロッコリーやキャベツと同じアブラナ科。
独特の苦みも火を通せばやわらぐので、鍋に加えるととてもおいしくいただけます。

◎ 材料（2〜3人分）

骨つき鶏もも肉（水炊き用）	400g
ケール	1袋
酒	1/2カップ
水	2と1/2カップ

粗塩ごま油（混ぜ合わせる）

粗塩	小さじ1
ごま油	大さじ1
粗挽き黒こしょう	少々

◎ 作り方

1. 骨つき鶏もも肉は水（分量外）からゆでて a、アクをよけて取り出し b、c、水気をきる。
2. ケールはひと口大にちぎる。
3. 鍋に1、酒を入れて中火にかけ、煮立たせたら水を加える。さらに煮立たせたら弱火にして蓋をし、20分煮てケールをのせる。
4. 粗塩ごま油をつけていただく。

a

b

c

素材ふたつ

25

豚肉と白菜の鍋

定番の豚肉と白菜の組み合わせも、ちょっとした工夫でごちそう鍋に変身。
豚肉の旨味と白菜の茎の甘味を生姜の風味がぐっと引き立ててくれます。

◎ 材料（2〜3人分）

豚バラ肉（薄切り）	250g
白菜	300g
生姜（せん切り）	1かけ分
醤油	大さじ1
酒	1/2カップ
水	2と1/2カップ
粗挽き黒こしょう	小さじ1/3
粗塩	小さじ1/3
ごま油	小さじ1

◎ 作り方

1. 白菜の茎と葉を分け、それぞれ繊維を断ち切るように5mm幅に切る a。
2. 豚バラ肉2〜3枚を広げ、白菜の茎をのせて巻く b。
3. 炒め鍋に2の巻き終わりを下にして並べ、中火にかける。全体に肉の色が変わるまで焼き、酒を入れて煮立たせ、醤油を加える c。
4. 3を鍋に移し、水を加えて煮立たせたら弱火にして蓋をし、7〜8分煮る。
5. 白菜の葉と生姜をのせ、さっと煮たら、粗塩で味を調え、黒こしょう、ごま油で香りをつける。

a

b

c

素材ふたつ

ゆばともやしの鍋

食べてみると意外とボリューミー。炒めてシャキシャキになったもやしと
なめらかな食べ心地のゆばは同じマメ科の素材ゆえ、その相性にまちがいありません。

◎ 材料（2〜3人分）

ゆば（京ゆばなど乾物）……… 60g	粗塩……………………… 小さじ1/2
大豆もやし ……………………… 1袋	ごま油 …………………… 大さじ1
オイスターソース ……… 大さじ1	粗挽き黒こしょう …………… 少々
水 ………………… 3と1/2カップ	

◎ 作り方

1. 大豆もやしのひげ根を除く a。
2. 炒め鍋にごま油と1を入れて中火にかけ、油をなじませるようにして香りが出るまで炒め b、オイスターソースを入れて混ぜる。
3. 2を鍋に移し、水を入れ、ゆばを加えて煮立たせたら弱火にして蓋をし、7〜8分煮る。粗塩で味を調え、黒こしょうをふる。

a

b

素材ふたつ

鶏肉とささがきごぼうの鍋

鶏肉のなかでもよりヘルシーなささみの相棒は、繊維質たっぷりのごぼうです。
油で炒めることで引き出されるごぼうの香りと旨味をじっくり味わって。

◎ 材料（2〜3人分）

鶏ささみ ……………………… 200g	黒酢 ……………………… 大さじ1/2
A（下味）	にんにく ……………………… 1かけ
こしょう ……………………… 少々	酒 ……………………… 1/2カップ
粗塩 ……………………… 小さじ1/3	水 ……………………… 2と1/2カップ
片栗粉 ……………………… 小さじ1	太白ごま油 ……………… 大さじ1と1/2
ごぼう（25cm） ……………………… 2本	糸唐辛子 ……………………… 適量
醤油 ……………………… 大さじ1と1/2	

◎ 作り方

1 ごぼうは包丁の背で表面をこそげ、ささがきにする。
2 鶏ささみは長さを生かして斜め3等分の棒状に切る。Aを順番に加え、下味をつけておく a。にんにくは包丁の腹でつぶす。
3 炒め鍋に太白ごま油、にんにくを入れて中火にかけ、香りが出たら1を入れ、油をなじませるようにしっかりと炒め、醤油、黒酢を加えて炒め合わせ b、酒を入れて煮立たせる。
4 3を鍋に移し、水を加え、煮立たせたら弱火にして蓋をし、7〜8分煮る。
5 4に鶏ささみを重ならないように広げて入れ、蓋をして5分煮たら、糸唐辛子をのせる。

a

b

素材ふたつ

魚介が主役の鍋

魚介をおいしく食べるために
知っておいてほしいコツがあります。
まずは独特の臭みをとること。
湯通ししたり、酒を使ったり、
香味野菜の力を借りたり。
ほんのひと手間で、ぐんとおいしく。
さらに、白身魚などは上新粉でコーティング。
身がパサパサにならず、しっとり仕上がります。

ぶりのしゃぶしゃぶ麻辣風味鍋

旬を迎える冬に食べてほしい、ぶりしゃぶ。
ほんのり昆布の風味が香る湯でしゃぶしゃぶしたら、
ぶりの甘味を引き立てる豆豉入り辣油の出番です。

魚介

◎材料（2〜3人分）

ぶり（しゃぶしゃぶ用） 300g	えのき茸 100g
生姜（薄切り） 1かけ分	水 1ℓ
昆布（5cm角） 2枚	豆豉入り辣油（p.11） 適量
長ねぎ 1本	大根おろし 適量
春菊 1束	

◎作り方

1 鍋に水、昆布を入れて30分おく a。
2 長ねぎは薄切りにし、春菊は5cm長さに切り、えのき茸は根元を切り落とし、軽くほぐす。
3 1に生姜を入れて中火にかけ、煮立たせたら、長ねぎ、えのき茸を加えてさっと煮る。
4 ぶりをしゃぶしゃぶして火を通し、豆豉入り辣油や大根おろしをつけていただく。春菊も同様にしていただく。

※ポン酢（p.10）と細ねぎ（小口切り）のたれもおいしい。

a

酒鍋

おいしい日本酒を用意して、だし代わりにたっぷり使います。上新粉をまとってつるんとした白身魚を粗塩と花椒粉でいただく。素材の味を楽しむ鍋です。

◎ 材料（2〜3人分）

白身魚（鱈のほか鯛や金目鯛など）	300g
上新粉	大さじ1
大根	300g
生姜（すりおろし）	大さじ2
日本酒（おいしいもの）	3カップ
ごま油	大さじ1
花椒塩（混ぜ合わせる）	
粗塩	小さじ1
花椒粉（p.11）	小さじ1

◎ 作り方

1 白身魚はひと口大に切り、ボウルに重ねたザルにのせて熱湯をかけ、湯に泳がせてから引き上げる a。水気をしっかりきり、上新粉をまぶす b。
2 大根の皮を除き、長さを生かしてスライサーでせん切りにする c。
3 鍋に日本酒を入れて中火にかけ、2分ほど煮立たせてアルコール分を飛ばす。
4 3に生姜、1を入れて火が通るまで5分煮たら、大根を入れてさっと煮て、ごま油で香りをつけ、花椒塩をふる。

a

b

c

魚介

サーモンと焼き豆腐、青梗菜の鍋

ほんのり香る生姜が風味のアクセントに。
さっぱりした鮭やマスなど白身の魚に酒の旨味をプラスします。

◎ 材料（2〜3人分）

サーモン（マスや鮭など）	250g
焼き豆腐	1丁（300g）
青梗菜	2〜3株
香菜	2〜3本
生姜（すりおろし）	大さじ1
酒	1/2カップ
水	3と1/2カップ
ポン酢（p.10）	適量
粗塩ごま油（混ぜ合わせる）	
粗塩	小さじ1
ごま油	大さじ1
粗挽き黒こしょう	少々
からし	適量

◎ 作り方

1 サーモンはひと口大に切り、ボウルに重ねたザルにのせて熱湯をかけ、湯に泳がせてから引き上げa、水気をしっかりきる。

2 焼き豆腐は6等分に切る。青梗菜は縦に6等分に切る。香菜は5cm長さに切る。

3 鍋に水、酒、生姜を入れて中火にかけ、1〜2分煮立たせる。焼き豆腐を入れてb蓋をし、2分ほど煮たら、1を加えさらに2分煮る。青梗菜を加えてさっと煮て、香菜をのせる。

4 ポン酢や粗塩ごま油、からしなどをつけていただく。

a

b

魚介

かじきの高菜漬け鍋

淡白なかじきを引き立てるのは旨味たっぷりの舞茸。そこに高菜漬けが加わって、酸味と塩味と旨味でなんともおいしいスープの鍋に。中国では定番の味です。

◎ 材料（2～3人分）

かじき	300g	長ねぎ（白髪ねぎ）	10cm分
上新粉	大さじ1	酒	1/2カップ
高菜漬け	150g	水	3と1/2カップ
舞茸	150g	ごま油	大さじ1
生姜（すりおろし）	大さじ1	粗挽き黒こしょう	小さじ1/3

◎ 作り方

1 かじきはひと口大に切り、ボウルに重ねたザルにのせて熱湯をかけ、湯に泳がせてから引き上げて水気をしっかりきり a、上新粉をまぶす b。舞茸は食べやすいようにさく。高菜漬けは繊維を断ち切るように2～3mm幅に切る。

2 炒め鍋にごま油と高菜漬けを入れて中火にかけ、香りが出るまで炒め c、酒を加えて煮立たせる。

3 2を鍋に移し、水、生姜を入れて煮立たせ、2分煮る。

4 舞茸を入れてさっと煮て、かじきを加えて蓋をし、2～3分煮る。黒こしょうをふり、白髪ねぎをのせる。

a

b

c

はまぐりと豆腐、たけのこの鍋

ちょっとぜいたくに、はまぐりと豆腐を合わせます。このままのスープでも最高ですが、ほんの少したれを落とすとまた違った世界が広がります。ぜひお試しを。

◎ 材料（2〜3人分）

はまぐり（砂抜き済み）	6〜8個
絹ごし豆腐	1丁（300g）
ゆでたけのこ	150g
三つ葉	6本
酒	1/2カップ
水	3カップ
粒こしょう（黒）	10粒

粗塩ごま油（混ぜ合わせる）
粗塩	小さじ1
ごま油	大さじ1
粗挽き黒こしょう	適量

豆板醤ごま油（混ぜ合わせる）
豆板醤	大さじ1/2
ごま油	大さじ1/2

◎ 作り方

1 はまぐりはきれいに洗い、水気をきる。
2 ゆでたけのこはくし形に薄切りする。豆腐は6等分に切る。
3 鍋に酒、水、粒こしょう、1と豆腐を入れて中火にかけ a、煮立たせる。はまぐりの口が開いたら、たけのこを加えてさっと煮て、結んだ三つ葉をのせる。
4 粗塩ごま油、豆板醤ごま油など好みのたれでいただく。

a

魚介

えび団子鍋

マッシュルームと油揚げ、えびの旨味が渾然一体となったスープも絶品。
黄ニラの風味と歯ざわりも欠かせません。シメは雑炊、麺、どちらもおすすめ！

◎ 材料（2～3人分）

むきえび……250g	粗塩……小さじ1/2	黄ニラ……100g
A（下味）	卵白……1/2個分	水……3カップ
粗挽き黒こしょう……少々	片栗粉……大さじ1	粗塩……小さじ1/2
酒……大さじ1	油揚げ（せん切り）……1枚分	太白ごま油……大さじ1
生姜（すりおろし）……小さじ1	マッシュルーム（薄切り）……5個分	柚子こしょう……少々

◎ 作り方

1 むきえびは包丁の腹で軽くつぶしてからa、b、粗く刻むc。Aを順に加え、よく混ぜて下味をつけd、8等分して丸めるe。
2 黄ニラは5cm長さに切る。
3 炒め鍋に太白ごま油、マッシュルーム、油揚げを入れて中火にかけ、香りが出るまでじっくり炒めるf。
4 3を鍋に移し、水を加えて煮立たせたら、1のえび団子を入れて3分煮る。
5 黄ニラを加えてさっと煮て、粗塩で味を調える。柚子こしょうでいただく。

a

b

c

d

e

f

魚介

えび餃子鍋

つるん、プリプリッ。えびの食感と皮の舌触りが楽しい鍋。煮すぎて、
皮がぐずぐずにならないよう、キャベツはせん切りにしてさっと煮るだけにします。

◎ 材料（2〜3人分）

餃子の皮（大判） 12枚	粗塩 小さじ1/2	粗挽き黒こしょう 少々
むきえび 200g	ごま油 大さじ1/2	粗塩 小さじ1/2
A（下味）	キャベツ（せん切り） 200g	ごま油 大さじ1/2
粗挽き黒こしょう 少々	水 5カップ	基本の辣油（p.11） 適量
酒 大さじ1	醤油 大さじ1	

◎ 作り方

1. むきえびは包丁の腹で軽くつぶしてから、粗く刻むa。Aを順に加え、よく混ぜて下味をつけるb。
2. 1を12等分して餃子の皮にのせ、両側からひだを寄せて巾着形に包む（中央を合わせc、片側に3つのひだを作ってd閉じ、逆側も同様にしてe、余った皮を中央に寄せてしっかり閉じるf）。
3. 鍋に水を入れて中火にかけ、沸騰させたら2を入れて蓋をし、2分煮る。醤油、粗塩で味を調え、黒こしょうをふり、キャベツを加えてさっと煮て、ごま油で香りをつける。
4. 好みで基本の辣油を添える。

a

b

c

d

e

f

魚介

いかと豆腐のピリ辛鍋

味噌の風味のなかに花椒がふわっと香ります。野菜と豆腐も入ってボリューム満点。
旬のいかなら種類を問わず、おいしく仕上がる鍋です。シメにごはんを入れても。

◎ 材料（2～3人分）

いか（旬のもの）……………… 1～2杯	花椒……………………………… 15粒
木綿豆腐……………………… 1丁（300g）	味噌…………………………… 大さじ2
空芯菜………………………… 100g	太白ごま油…………………… 大さじ1
粗挽き唐辛子（韓国産）……… 大さじ1	水……………………………… 3カップ

◎ 作り方

1 いかのワタと軟骨を外し、くちばしの下でゲソを切り離す。胴体は1cm幅の輪切りにし、ゲソは食べやすい長さに切る。ボウルに重ねたザルにのせて熱湯をかけ、湯に泳がせてから引き上げ、水気をしっかりきるa。

2 空芯菜は5cm長さに切る。

3 炒め鍋に太白ごま油、花椒を入れて中火にかけ、香りが出たら弱火にし、味噌と唐辛子を加えb、香りが出るまで炒め合わせるc。

4 3を鍋に移し、水を加えて煮立たせる。豆腐を手で大きくちぎって加え、蓋をして7～8分煮る。

5 4にいかを加えてさっと煮て、空芯菜の茎、葉の順に入れてさっと煮る。

a

b

c

魚介

47

肉団子鍋

しっかり下味をつけてから煮る肉団子鍋。
鶏ひき肉で作ればあっさり、ヘルシー、
豚ひき肉はジューシー、
合いびき肉は旨味&食べごたえたっぷりと
肉の違いでさまざまな味が楽しめます。
合わせる野菜次第で違った印象になるのも
この鍋のおもしろいところ。
さて今日は何の肉団子鍋にしましょうか？

鶏肉団子の酒粕風味鍋

にんじんと大根。紅白の野菜がたっぷり入って、
栄養バランスの整った鍋になりました。
スープは酒粕入りで、寒い日には体の芯から温まります。

◎ 材料（2〜3人分）

鶏ひき肉（もも）	200g
A（下味）	
粗挽き黒こしょう	少々
酒	大さじ1
醤油	大さじ1
粗塩	小さじ1/3
生姜（みじん切り）	1かけ分
長ねぎ（みじん切り）	5cm分
生パン粉	10g
ごま油	大さじ1/2
大根おろし	200g
にんじん（せん切り）	1本分
水	3カップ
酒粕	大さじ1
粗塩	小さじ1/3
粗挽き黒こしょう	少々

◎ 作り方

1 鶏ひき肉にAを順に加えa、よく混ぜて下味をつける。4等分して丸めるb。
2 鍋に水を入れて中火にかけ、温まったら酒粕を入れて溶かす。煮立たせたら団子を入れ（団子が湯から出ていたら、湯をかけるc）、表面が固まったら弱火にして蓋をし、10分煮る。
3 2に大根おろしを入れてd粗塩で味を調え、にんじんをのせてさっと煮たら、黒こしょうをふる。

※ 香菜や基本の辣油（p.11）を添えてもおいしい。

a

b

c

d

鶏肉団子とわかめ、しめじ、山芋すりおろしの鍋

胃腸を整え、滋養強壮の働きもある山芋。すりおろして加えることで体に負担なく吸収されます。肉団子やわかめにとろりとしたスープがからんでやさしい味に。

◎ 材料（2〜3人分）

鶏ひき肉（むね） 200g	粗塩 小さじ1/3	しめじ 100g
A（下味）	生姜（みじん切り） 1かけ分	わかめ 50g
粗挽き黒こしょう 少々	長ねぎ（みじん切り） 5cm分	みょうが 2個
酒 大さじ1	生パン粉 10g	水 3カップ
醤油 大さじ1/2	ごま油 大さじ1/2	醤油 大さじ1/2
オイスターソース 大さじ1/2	山芋（すりおろし） 100g	七味唐辛子 少々

◎ 作り方

1. 鶏ひき肉にAを順に加え、よく混ぜて下味をつける a 。8等分して丸める b 。
2. わかめは水に浸けて戻し、食べやすい長さに切る。しめじは石づきを除く。
3. 鍋に水を入れて中火にかけ、煮立たせたら1の団子を入れる（団子が湯から出ていたら、湯をかける）。表面が固まったらしめじを加え、弱火にして蓋をし、10分煮る。
4. 醤油で味を調え、山芋 c 、わかめをのせてさっと煮て、小口切りにしたみょうがをのせ、七味唐辛子をふる。

a

b

c

肉団子

豚肉団子と小松菜、エリンギの鍋

ジューシーな豚ひき肉の肉団子には青菜を合わせ、柚子こしょうの香りでさっぱりと。
ときには小鍋仕立てにして、銘々で鍋を楽しむのもすてきな趣向です。

◎ 材料（2〜3人分）

豚ひき肉 —— 200g	生姜（みじん切り）—— 1かけ分	水 —— 3カップ
A（下味）	長ねぎ（みじん切り）—— 5cm分	粗塩 —— 小さじ1/2
粗挽き黒こしょう —— 少々	生パン粉 —— 10g	粗挽き黒こしょう —— 少々
酒 —— 大さじ1	ごま油 —— 小さじ1	柚子こしょうごま油（混ぜ合わせる）
醤油 —— 大さじ1/2	小松菜 —— 200g	柚子こしょう —— 大さじ1/2
粗塩 —— 小さじ1/2	エリンギ —— 2本（約100g）	ごま油 —— 大さじ1/2

◎ 作り方

1 豚ひき肉にAを順に加え、よく混ぜて下味をつける a。4等分して丸める b。
2 小松菜は3cm長さに、エリンギは縦に厚切りする。
3 鍋に水を入れて中火にかけ、煮立たせたら1の団子を入れる（団子が湯から出ていたら、湯をかける）。表面が固まったらエリンギを加え、弱火にして蓋をし、10分煮る。
4 粗塩で味を調え、小松菜を入れて c、さっと煮て、黒こしょうをふる。
5 柚子こしょうごま油を添えていただく。

a

b

c

肉団子

豚肉団子とれんこん、セロリの鍋

ふんわり濃厚な味にファンも多い酒粕入り豚肉団子。酒粕はビタミンや食物繊維が豊富で旨味たっぷり。合わせる野菜はれんこんにセロリ、食感も楽しい鍋です。

◎ 材料（2〜3人分）

豚ひき肉（赤身） 200g	粗塩 小さじ1/2	れんこん 100g
A（下味）	生姜（みじん切り） 1かけ分	セロリ 1本
粗挽き黒こしょう 少々	長ねぎ（みじん切り） 5cm分	水 3カップ
酒粕 大さじ1	生パン粉 10g	粗塩 小さじ1/2
醤油 大さじ1/2	ごま油 小さじ1	粗挽き黒こしょう 少々

◎ 作り方

1 豚ひき肉にAを順に加えa、よく混ぜて下味をつける。6等分して丸めるb。
2 れんこんの皮を除き、スライサーで薄い輪切りにする。セロリの茎は斜め薄切り、葉はせん切りにする。
3 鍋に水を入れて中火にかけ、煮立たせたら1の団子を入れる（団子が湯から出ていたら、湯をかける）。表面が固まったられんこんを加えc、弱火にして蓋をし、10分煮る。
4 粗塩で味を調え、セロリの茎を入れてさっと煮て、葉をのせ、黒こしょうをふる。

※豆板醤ごま油（p.22）をつけてもおいしい。

a

b

c

肉団子

合いびき肉団子と
ブロッコリー、玉ねぎの鍋

ほんのり香るクミンパウダーが肉のおいしさを際立たせます。
食べごたえある合いびき肉団子には、大ぶりに切った野菜を合わせてみました。

◎ 材料（2～3人分）

合いびき肉 …… 200g	生姜（みじん切り）…… 1かけ分	オイスターソース …… 大さじ1
A（下味）	生パン粉 …… 10g	粗挽き黒こしょう …… 少々
酒 …… 大さじ1	ごま油 …… 小さじ1	パセリ塩ごま油（混ぜ合わせる）
クミンパウダー …… 小さじ1/4	玉ねぎ …… 1個	パセリ（みじん切り）…… 大さじ4
（粗挽き黒こしょう小さじ1/2でも可）	ブロッコリー …… 1個	粗塩 …… 小さじ1
粗塩 …… 小さじ1/2	水 …… 3カップ	ごま油 …… 大さじ1

◎ 作り方

1. 合いびき肉にAを順に加え、よく混ぜて下味をつける a。4等分して丸める b。
2. 玉ねぎは皮を除き、繊維を断ち切るように4等分の輪切りにする c。ブロッコリーは小房に切り分け、さっとゆでて水気をきっておく。
3. 鍋に水を入れて中火にかけ、煮立たせたら1の団子を入れる（団子が湯から出ていたら、湯をかける）。表面が固まったら玉ねぎを加え、弱火にして蓋をし、10分煮る。
4. オイスターソースで味を調え、ブロッコリーを入れてさっと煮て、黒こしょうをふる。
5. パセリ塩ごま油を添えていただく。

a

b

c

肉団子

合いびき肉団子と春菊、長ねぎの鍋

たっぷりの香味野菜を合わせ、黒こしょうも多めにふる。
濃厚な味の肉団子をさっぱりといただく、おすすめの組み合わせです。

◎ 材料（2〜3人分）

合いびき肉 200g	生パン粉 10g	粗挽き黒こしょう 適量
A（下味）	ごま油 小さじ1	からし酢醤油ごま油
粗挽き黒こしょう 小さじ1/3	長ねぎ 1本	醤油 大さじ1と1/2
酒 大さじ1	春菊 1束	黒酢 大さじ1と1/2
粗塩 小さじ1/2	水 3カップ	ごま油 大さじ1
生姜（みじん切り） 1かけ分	醤油 大さじ1	からし 小さじ1

◎ 作り方

1 合いびき肉にAを順に加え、よく混ぜて下味をつける a。6等分して丸める b。
2 長ねぎは斜め薄切りに、春菊は5cm長さに切る。
3 鍋に水を入れて中火にかけ、煮立たせたら1の団子を入れ（団子が湯から出ていたら、湯をかける）、表面が固まったら弱火にして蓋をし、10分煮る。
4 長ねぎを加え c、軽く煮たら醤油で味を調え、春菊を入れてさっと煮て、黒こしょうをふる。
5 からし酢醤油ごま油を添えていただく。

a

b

c

肉団子

中国鍋

来客やお祝いごと、
久しぶりに家族が揃うときなど、
少しだけ特別な日のための我が家のごちそう、
中国鍋をご紹介します。
素材はちょっとだけいいものを選んで、
盛りつけも楽しげに。
薬食同源の国ならではの素材合わせ、
調味料使いも楽しんでいただけるとうれしいです。

羊のしゃぶしゃぶ（涮羊肉 シュワン ヤン ロー）

乾燥して寒い北京の冬に欠かせないのが、
体を温めてくれる羊のしゃぶしゃぶ。鉄分豊富なナツメや
ビタミンたっぷりのクコの実を使うのも食の知恵です。

中国鍋

◎ 材料（2〜3人分）

ラム肉（しゃぶしゃぶ用）	300g	干しえび	15g
白菜（葉の部分）	2〜3枚分	ナツメ	8個
パクチョイ	2株	酒	1カップ
大根	10cm	腐乳だれ（p.10）	適量
A（スープ）		基本の辣油（p.11）	適量
水	1ℓ	香菜（みじん切り）	2本分
クコの実	大さじ1	長ねぎ（みじん切り）	1/2本分

◎ 作り方

1 干しえびはひと晩水（分量外）に浸けて戻す a。白菜の葉は大きめに切る。パクチョイは根元を切って1枚ずつばらす。大根は皮を除き、スライサーで長さを生かしたせん切りにする b。

2 鍋にAを入れて中火にかけ、煮立たせたら弱火にして蓋をし、10分煮る。

3 ラム肉をしゃぶしゃぶして火を通し c、腐乳だれをつけていただく。野菜類も同様にしていただく d。薬味の香菜や長ねぎ、基本の辣油を加えてもおいしい。

a

b

c

d

61

麻辣鍋

唐辛子、豆豉の香りと辛味をじっくり引き出し、花椒をたっぷり使う麻辣味は、中国定番の味覚で新陳代謝をよくするといわれます。旨味の強い牛肉との相性が最高。

◎ 材料（2〜3人分）

牛肉（薄切り）	250g	醤油	大さじ1
しめじ	100g	酒	1/2カップ
舞茸	100g	水	3カップ
九条ねぎ	3本	花椒粉（p.11）	大さじ1
豆豉	15g（大さじ2）	太白ごま油	大さじ1
粗挽き唐辛子（韓国産）	大さじ2		

◎ 作り方

1 しめじは石づきを除き、舞茸は食べやすくさく。九条ねぎは斜め薄切りにする。
2 炒め鍋に太白ごま油、粗挽き唐辛子、豆豉を入れて中火にかけa、香りが出たら醤油を加えて煮立たせb、酒を加えるc。
3 2を鍋に移し、水を加え、しめじ、舞茸を入れる。煮立たせたら、弱火にして蓋をし、5分煮る。
4 牛肉を広げて入れ、火が通ったら、九条ねぎを加えてさっと煮て、花椒粉をふる。

a

b

c

中国鍋

茶鍋

浙江省龍井（ロンジン）村の龍井茶はそのさわやかな香りで、緑茶の最高峰とされます。
その茶葉をたっぷり使った茶鍋は、えびの旨味と相まってとても滋味深い味。

◎ 材料（2〜3人分）

有頭えび（大正えびなど）…… 6〜8尾	粗塩ごま油（混ぜ合わせる）
厚揚げ …………………………… 1枚	粗塩 ……………………… 小さじ1
龍井茶 …………………………… 5g	ごま油 …………………… 大さじ1
生姜（すりおろし）………… 大さじ1/2	粗挽き黒こしょう ………… 少々
酒 ……………………………… 1カップ	豆板醤ごま油（混ぜ合わせる）
水 ……………………………… 3カップ	豆板醤 ………………… 大さじ1/2
香菜 ……………………………… 1本	ごま油 ………………… 大さじ1/2

◎ 作り方

1. 有頭えびの尾の端と脚をハサミで切り落とし、背を開いて a ワタを取り除く。ボウルに重ねたザルにのせて熱湯をかけ b、湯に泳がせてから引き上げ、水気をしっかりきる。
2. 厚揚げは6等分に切る。
3. 鍋に水、酒、生姜を入れて中火にかけ、煮立たせたら厚揚げを入れて2〜3分煮る。龍井茶を入れ c、1のえびも加え、さらに4〜5分煮る。
4. 粗塩ごま油、豆板醤ごま油など好みのたれをつけ、香菜（葉は摘み、茎は5mm幅に刻む）を添えていただく。

a

b

c

中国鍋

65

酸菜鍋

酸菜とは発酵の進んだ白菜漬けのこと。アミノ酸の旨味がたっぷり溶け込んだスープで
煮込んだ豚肉は格別なおいしさ。今回は2種類の白菜漬けで味により深みが生まれました。

◎ 材料（2〜3人分）

酸菜（発酵白菜漬け）	300g	粗挽き黒こしょう	少々
冬菜（発酵白菜漬け）	30g	水	4カップ
豚肩ロース肉（薄切り）	250g	ごま油	大さじ1
長ねぎ（薄切り）	1本分	基本の辣油（p.11）	適量
生姜（せん切り）	30g		

◎ 作り方

1 酸菜は2〜3mm幅に切る。冬菜はさっと洗って水気をきる a。
2 鍋に水、1を入れ、中火にかけて煮立たせたら b、c、長ねぎ、生姜を入れて弱火にし、5分煮る。
3 2に豚肩ロース肉を加えてさらに3分煮たら、ごま油で香りをつけ、黒こしょうをふる。
4 基本の辣油をつけていただく。

※ 酸菜、冬菜はインターネット通販などで入手できます。

a

b

c

中国鍋

菊花鍋

菊花は気血の流れを整え、デトックス効果があるため、中国ではなじみ深い食材です。
生花が出回る秋冬は、華やかな鍋に。スープもしっかり飲み干しましょう。

◎ 材料（2〜3人分）

骨つき鶏もも肉（水炊き用）	400g
干し菊	5g
生姜（すりおろし）	大さじ1/2
酒	1/2カップ
水	3カップ
しらたき	1袋
マコモダケ	2本
里芋	3個

たれ

みょうが（みじん切り）	2個分
長ねぎ（みじん切り）	10cm分
醤油	大さじ2
黒酢	大さじ2
ごま油	大さじ1
食用菊	2〜3個

◎ 作り方

1 里芋の皮を除いて、縦に棒状に切る。マコモダケは皮を除き a、長い乱切りにする b。しらたきは水で洗い、水気をきる。
2 骨つき鶏もも肉は水からゆでて、アクをよけて取り出し c、水気をきる。
3 鍋に酒、水、生姜、2を入れて中火にかけ、煮立たせたら弱火にして蓋をし、10分煮る。里芋を加え、さらに10分煮る。
4 食用菊のガクを外し d、たれを合わせておく。
5 3に干し菊を加えてほぐし、マコモダケ、しらたきを入れて2〜3分煮る。たれをつけていただく。

a

b

c

d

中国鍋

腐乳鍋

たれとしてもスープとしても中国の鍋に欠かせないのが腐乳です。
独特の風味とチーズのようなまろやかさが、素材をいっそうおいしくしてくれます。

◎ 材料（2〜3人分）

絹ごし豆腐 …… 1丁（300g）	腐乳 …… 50g	ごま油 …… 大さじ1
中国ゆば …… 50g	腐乳汁 …… 大さじ3	パセリ塩ごま油（混ぜ合わせる）
もやし …… 1袋	水 …… 3と1/2カップ	パセリ（みじん切り）…… 大さじ4
葛きり …… 50g	粗塩 …… 小さじ1/2	粗塩 …… 小さじ1
長ねぎ（白髪ねぎ）…… 1本分	花椒粉（p.11）…… 小さじ1/2	ごま油 …… 大さじ1

◎ 作り方

1 中国ゆばはひと晩水（分量外）に浸けて戻しa、斜め薄切りにする。
2 もやしはひげ根と芽を除く。豆腐は6等分に切る。葛きりは30分水（分量外）に浸けて戻し、水気をきる。
3 鍋に腐乳、腐乳汁を入れてのばしb、水を加えてc、中火にかけ、中国ゆば、豆腐を入れて煮立たせる。
4 もやし、葛きりを加えてさらに煮立たせたら、弱火にして蓋をし、5分煮る。
5 粗塩で味を調え、ごま油で香りをつける。白髪ねぎをのせ、花椒粉をふる。
6 パセリ塩ごま油を添えていただく。

a

b

c

中国鍋

ココナッツ鍋

白きくらげ、れんこんなど白い食材は肺を潤してくれる、冬に食べたい食材です。
淡白な鶏むね肉にココナッツミルクのまろやかさ。体にやさしい白い鍋はいかがですか？

◎ 材料（2〜3人分）

鶏むね肉（皮なし） 1枚	白きくらげ（乾物） 15g	水 1と1/2カップ
A（下味）	れんこん 150g	豆乳 1/2カップ
酒 大さじ1	生姜（すりおろし） 大さじ1	ココナッツミルク 1カップ
上新粉 大さじ1	長ねぎ 1本	粗塩 小さじ1
	酒 1/2カップ	白こしょう 小さじ1/3

◎ 作り方

1 白きくらげはひと晩水（分量外）に浸けて戻し a、水気をきる。
2 鶏むね肉は薄切りにし、Aで下味をつける。
3 れんこんは皮を除き、棒状に切る。長ねぎは2cm幅の斜め切りにする。
4 鍋に酒、水を入れて中火にかけ、沸騰したら、生姜、れんこん、白きくらげを入れて煮立たせ b、弱火にして蓋をし、5分煮る。
5 鶏むね肉を重ならないように並べ入れて c 豆乳を加え、弱火にして蓋をし、7〜8分煮る。
6 長ねぎを入れ、ココナッツミルクを注いで煮立たせる。粗塩で味を調え、白こしょうをふる。

a

b

c

中国鍋

かた焼きそばの海鮮鍋

魚介と豚肉、野菜もたっぷり入って、みんなでつつくのが楽しいまんぷく鍋です。
パリパリの麺も美味ですが、スープを吸ったやわらかな麺も味わってみてください。

◎ 材料（2～3人分）

かた焼きそば……1袋（1～2人分）	豚バラ肉（薄切り）……100g	粗塩……小さじ1/2
キャベツ……150g	生姜（薄切り）……1かけ分	太白ごま油……大さじ1
きくらげ（乾物）……15g	長ねぎ（薄切り）……10cm分	ごま油……小さじ1
ボイルほたて……100g	醤油……大さじ1	粗挽き黒こしょう……少々
むきえび……100g	酒……1/2カップ	
うずら卵（水煮）……6個	水……1ℓ	

◎ 作り方

1. きくらげはひと晩水（分量外）に浸けて戻し a、石づきを除き、洗って水気をきる。キャベツはひと口大に切る。
2. ボイルほたて、むきえびは、それぞれボウルに重ねたザルにのせて熱湯をかけ b、湯に泳がせてから引き上げ、水気をしっかりきる。豚バラ肉は5cm幅に切る。
3. 炒め鍋に太白ごま油、豚バラ肉を入れて色が変わるまで炒め、生姜、長ねぎを加えて炒め合わせる c。1、2を加え、炒め合わせたら、醤油で味つけし、酒を加える。
4. 3を鍋に移し、水を注いで中火にかけて煮立たせ、2分煮る。うずら卵を加えてさっと煮て、粗塩で味を調え、黒こしょうとごま油で香りをつけ、中央にかた焼きそばをのせる。

a

b

c

中国鍋

75

八宝うどん鍋

シメのうどんが主役になりました。"八宝"は「たくさん」という意味で、
ちくわやむきえび、豚肉にクコの実をふんだんに散らした様子は、まさに八宝鍋！

◎ 材料（2～3人分）

豚肩ロース肉（薄切り）	150g	ニラ	1束
ちくわ	2本	長ねぎ	1本
むきえび	100g	うどん	1～2玉
いか	1杯	ごま油	大さじ1
ブラウンマッシュルーム	100g（6～10個）	クコの実	大さじ2

スープ（合わせておく）

水	1ℓ
酒	1/2カップ
オイスターソース	大さじ2
粗塩	小さじ1/2
粗挽き黒こしょう	小さじ1/2
生姜（すりおろし）	大さじ1

◎ 作り方

1. 豚肩ロース肉は長さ半分に切る。ちくわは縦横半分に切り、マッシュルームは薄切りにする。ニラは5cm長さに切り、長ねぎは2cm幅の斜め切りにする。いかはワタと軟骨を外し、くちばしの下でゲソを切り離す。胴体は1cm幅の輪切りにし、ゲソは食べやすい長さに切る。
2. むきえびといかは、それぞれボウルに重ねたザルにのせて熱湯をかけ a、湯に泳がせてから引き上げ、水気をしっかりきる b、c。
3. 鍋の中央にうどんをおき、周りに1、2を並べ、スープを注ぐ。
4. 鍋を中火にかけ、煮立たせたらアクを除き、弱火にして蓋をし、10分煮る。ごま油で香りをつけ、クコの実を散らす。

a

b

c

中国鍋

77

夏も鍋

暑い夏でも冷房の影響で体が冷え、
体調を崩す人が多いようです。
そんなときは、栄養のある温かな食べもので
体をいたわるのがおすすめ。
そう、夏には夏の鍋があるのです。
旬の冬瓜やゴーヤー、ハーブの力を借りて
体にたまった余分な熱を払い、
同時に冷えを撃退しましょう。

冬瓜と貝柱の鍋

かたまりで煮ると時間のかかる冬瓜も、スライサーで薄切りすればあっというま。貝柱の旨味が溶け出たスープを含み、薄緑に透けた様子も美しい。

◎材料（2〜3人分）

冬瓜（正味）	500g
干し貝柱	8個
生姜（すりおろし）	大さじ1
粗塩	小さじ1/2
酒	1カップ
水	2カップ
香菜（葉は摘んで、茎はみじん切り）	2本分
葛粉	大さじ1（水大さじ2で溶く）
ごま油	大さじ1
粗挽き黒こしょう	少々

◎作り方

1. 干し貝柱はひと晩水（分量外）に浸けて戻す a。
2. 冬瓜は種と皮を除き、スライサーで薄切りにする b。
3. 鍋に1、生姜、酒、水を入れて中火にかけ、煮立たせたら弱火にして蓋をし、10分煮る。
4. 冬瓜を加え、さらに10分煮たら、粗塩で味を調え、水溶き葛粉でとろみをつけ、ごま油、黒こしょうで香りをつけ、香菜の茎を散らし、葉をのせる c。

a

b

c

夏も鍋

トマトと羊肉のミント鍋

新鮮なミントがたくさん手に入ったらぜひ試してほしいのがこの鍋。旬のトマトと羊肉の旨味がベストマッチ。さらにミントが喉の奥でふわっと香り、エンドレスのおいしさです。

◎ 材料（2〜3人分）

ラム赤身肉（薄切り）	250g	醤油	大さじ2
ミント	2パック	太白ごま油	大さじ1/2
トマト	3個	クミンパウダー	少々
酒	1と1/2カップ	粗塩	少々

◎ 作り方

1. トマトは乱切りにする。
2. 炒め鍋に太白ごま油とラム肉を入れ、両面を焼く a。醤油を加えて煮立たせ b、酒を加える。
3. 2を鍋に移して煮立たせ1〜2分煮たら、トマトを加える。さらに煮立たせたら弱火にして蓋をし、12分煮る c。
4. クミンパウダーをふり、粗塩で味を調え、ミントをのせる。

a

b

c

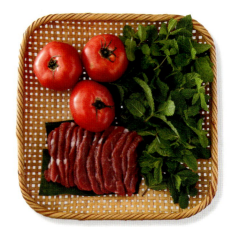

夏も鍋

豚しゃぶと香味野菜の鍋

夏の疲れや気の乱れを払ってくれる、ゴーヤー、香菜、みょうがなど香味野菜を、ビタミンたっぷりの豚肉といっしょにピリ辛だれでいただきましょう。

◎ 材料（2～3人分）

豚肉（しゃぶしゃぶ用） ……… 250g	酒 ……………………… 1/2カップ
ゴーヤー ……………………… 1本	クコの実 ………………… 大さじ1
香菜 …………………………… 2本	たれ（混ぜ合わせる）
みょうが ……………………… 4個	醤油 ………………… 大さじ2
生姜 …………………………… 30g	黒酢 ………………… 大さじ2
水 ……………………………… 4カップ	基本の辣油（p.11）…… 大さじ1/2

◎ 作り方

1 ゴーヤーは種とワタを除き、薄切りにして熱湯をかける a。香菜は5cm長さに切り、みょうがは薄切り、生姜はせん切りにする。

2 鍋にクコの実、酒、水を入れて中火にかけ b、2分煮立たせたら、1を入れる。豚肉をしゃぶしゃぶし、たれをつけていただく。

a

b

夏も鍋

83

豆腐とオクラ、ズッキーニの鍋

桜えびの風味と練りごまのコクが食欲をそそります。小腹が空いたときの夜食にも
おすすめのヘルシー鍋。ズッキーニは縦にスライスしてさっと火を通します。

◎ 材料（2〜3人分）

桜えび	5g	練りごま（白）	大さじ2
絹ごし豆腐	1丁（300g）	味噌	大さじ2
オクラ	8本	太白ごま油	大さじ1
ズッキーニ	1本	水	3カップ

◎ 作り方

1 豆腐は6等分に切る。オクラはヘタを除き、縦半分に切りa、ズッキーニはスライサーで長さを生かした薄切りにするb。
2 炒め鍋に太白ごま油、味噌を入れ、混ぜ合わせてから中火にかける。香りが出たら水を加えてのばすc。
3 2を鍋に移して煮立たせ、桜えび、練りごまを入れて混ぜ、豆腐を加えて5分煮る。
4 オクラ、ズッキーニを加えてさっと煮る。

a

b

c

夏も鍋

86

牛しゃぶとレタスの鍋

夏の牛しゃぶの相棒は、たっぷりのレタスです。スープにくぐらせればしんなりしますが、歯ざわりはシャキシャキ。ひとり半玉はあっというまです。

◎ 材料（2〜3人分）

牛肉（しゃぶしゃぶ用）	200g	昆布（5cm角）	2枚
レタス	1個	粒こしょう（黒）	10粒
玉ねぎ	1個	ポン酢（p.10）	適量
水	1ℓ	豆豉入り辣油（p.11）	適量

◎ 作り方

1 玉ねぎは皮を除き、スライサーで薄い輪切りにするa。レタスは大きめにさく。
2 鍋に水、昆布、粒こしょうを入れ、30分おいて中火にかけ、5分煮立たせる。
3 牛肉、レタス、玉ねぎをそれぞれ2でしゃぶしゃぶする。
4 ポン酢や豆豉入り辣油をつけていただく。

夏も鍋

a

スープ

夕飯の食卓がなにかもの足りないときも、
食欲がなく、しかもあわただしい朝のひとときも、
すぐに作れるスープの心得があると安心です。
温かな水分は、お腹を満たしてくれるだけでなく、
なぜか気持ちもすっと落ち着かせてくれるものだから。
体と心の調子を整えてくれるスープを味方にしましょう。
おいしさの素の旨味は素材や調味料の力を借り、
早く仕上げるためには、野菜の切り方などを工夫して。
ほら、明日からあなたもスープ名人の仲間入りです。

スープ

素材のおいしい水分を飲む。

具材でもいいし、調味料でもいい。スープ作りで大切なのは、旨味をもつ素材を

発酵食品をだしにする

醤油や味噌、漬けものなどの発酵調味料、食品は、それ自体が旨味のかたまりのようなもの。さらに熱の力を借りれば、旨味だけでなく香りも引き出すことができます。

冷蔵庫になにもないと思っても、醤油や味噌はありますよね。それにねぎや卵も。それだけあればじゅうぶんにおいしいスープは作れるのです。

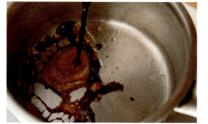

醤油を焦がす

味噌を炒める

漬けものを利用する

乾物の力を借りる

乾物の旨味はスープ作りの強い味方。ただ、中国では、乾物はだしをとるための素材というより、それ自体をおいしく食べるものという位置づけです。ですので、最初に戻すときの水分量には注意してください。たっぷりの水で戻すとエキスが水分に出てしまうため、乾物がふっくらと元の大きさくらいに戻るぎりぎりの水分量で戻します。戻してからスープに加えると、だしも出るうえ、具としてのおいしさも保たれるというわけです。

いちばん気軽なスープの考え方

ひとつは使うということ。ぜひ、素材の旨味を引き出すコツを覚えてください。

素材の旨味を引き出す

素材それ自体にも旨味をもつものはたくさんあります。この本で紹介したのは、豚肉やじゃこ、油揚げに長ねぎなど。豚肉は最初にしっかり炒めて臭みを消すことが大事ですし、長ねぎも焦げ目がつくくらい炒めることではじめて旨味を引き出せます。それぞれコツを覚えたら、スープ作りがぐんと楽になります。

豚バラ肉を炒める

油揚げを炒める

長ねぎを炒める

じゃこを炒める

野菜をうまく利用する

体を整えてくれるスープに野菜は必要不可欠ですから、ひと工夫して、よりスープを手軽に作れるようにしましょう。ごろごろ野菜もおいしいですが、スライサーで薄く切ったり、せん切りにしておけば、さっと火が通ってすぐに食べることができます。れんこんはすりおろして使えばとろみがついてやさしい味に。

れんこんでとろみをつける

切り方で時間の調節をする

毎日を助けてくれるクイックスープ

a b
c d

手早くおいしいスープを作るには、素材の持ち味を知ることが早道です。
だしの出る素材をひとつ、具材をひとつ。
気になるレシピは繰り返し作って、あなたを助けるメニューとして
レパートリーに加えてください。

長ねぎ焦がしスープ

長ねぎは**優秀**なだし素材。おいしい太白ごま油で
じっくり焦げ目をつけたら、あっというまにできあがり。
卵を入れたり、豆腐を入れたりの応用も自由自在です。

◎ 材料（2〜3人分）

長ねぎ …………………… 1本
醤油 ……………… 大さじ1と1/2
黒酢 ………………… 大さじ1/2
水 …………………… 3カップ
粗挽き黒こしょう ………… 少々
太白ごま油 ……… 大さじ1と1/2
のり（岩のりやあおさ）…… 少々

◎ 作り方

1 長ねぎは1cm幅の斜め切りにする。

2 鍋に太白ごま油と1を入れて中火にかけa、長ねぎに焦げ目がつくまでじっくり焼くb。

3 長ねぎの香りが出たら醤油、黒酢を入れて煮立たせc、さらに香りが出たら水を注ぐd。煮立たせたら、黒こしょうで香りをつけて火を止め、のりをのせる。

卵があれば、いつでも栄養満点スープ

良質のたんぱく質で食べごたえもある卵は、どんな野菜に合わせてもおいしいスープになる、頼もしい食材です。塩味、味噌味、ピリ辛味。お好みの味はどれでしょう？

トマトと卵のスープ

◎材料（2〜3人分）
- トマト（中）……2個
- 卵……2個
- 水……3カップ
- 粗塩……小さじ1/2
- 片栗粉……大さじ1（水大さじ2で溶く）
- 粗挽き黒こしょう……少々
- ごま油……大さじ1/2

◎作り方
1. トマトはヘタを除き、乱切りにする。
2. 鍋に水、トマトを入れて中火にかけ、煮立たせたら弱火にして蓋をし、5分煮る。
3. 粗塩で味を調え、水溶き片栗粉でとろみをつけたら、強火にして溶き卵を流し入れ、黒こしょう、ごま油で香りをつける。

きゅうりと卵のスープ

◎材料（2〜3人分）
- きゅうり……2本
- 卵……2個
- みょうが……1個
- 水……3カップ
- 味噌……大さじ1と1/2
- 太白ごま油……大さじ1

◎作り方
1. きゅうりは皮をスライサーで縞にむき、包丁の腹で叩きつぶし、長さ4等分に切る。
2. 鍋に太白ごま油、味噌を入れて中火にかけ、香りが出るまで炒めて水を注ぐ。
3. 2を煮立たせたら、きゅうりを入れて2分煮る。強火にして溶き卵を流し入れ、小口切りにしたみょうがを散らす。

グリーンピースと卵のスープ

◎材料（2〜3人分）
- グリーンピース（正味） 100g
- 卵 2個
- 長ねぎ（薄切り） 5cm分
- オイスターソース 大さじ1/2
- 粗塩 小さじ1/3
- 水 3カップ
- 片栗粉 大さじ1（水大さじ2で溶く）
- 太白ごま油 大さじ1
- 粗挽き黒こしょう 少々

◎作り方
1. 鍋に太白ごま油と長ねぎを入れて中火にかけ、香りが出たらオイスターソースを入れて炒め合わせ、水を注ぐ。
2. 1を煮立たせたら、グリーンピースを入れて2分煮る。粗塩で味を調え、水溶き片栗粉でとろみをつけたら、強火にして溶き卵を流し入れる。黒こしょうで香りをつける。

とうもろこしと卵のスープ

◎材料（2〜3人分）
- とうもろこし 1本
- 卵 2個
- 粗塩 小さじ1/2
- 水 3カップ
- 片栗粉 大さじ1（水大さじ2で溶く）
- 粗挽き黒こしょう 少々
- ごま油 大さじ1/2

◎作り方
1. とうもろこしは芯に沿って包丁を入れ、粒を削り取る。
2. 鍋に1、水を入れて中火にかけ、煮立たせたら弱火にして蓋をし、5分煮る。
3. 粗塩で味を調え、水溶き片栗粉でとろみをつけたら、強火にして溶き卵を流し入れる。黒こしょう、ごま油で香りをつける。

オクラと卵のスープ

◎材料（2〜3人分）
- オクラ 8〜10本
- 卵 2個
- 花椒 10粒
- 唐辛子 1本
- 醤油 大さじ1
- 粗塩 小さじ1/3
- 水 3カップ
- 太白ごま油 大さじ1

◎作り方
1. オクラはヘタを除いて小口切りにする。
2. 鍋に太白ごま油と花椒を入れて中火にかけ、香りが出たら粗くちぎった唐辛子を入れ、焦がさないようにすぐ醤油、水を加えて煮立たせる。
3. オクラを入れて1分煮たら、強火にして溶き卵を流し入れ、粗塩で味を調える。

大根と油揚げのスープ

油揚げに大根、味噌ときたら、今日は味噌汁？と思うかもしれませんが、まずはひと口どうぞ。炒めた油揚げがだしとアクセントになって別物です。

◎ 材料（2～3人分）

大根	300g
油揚げ	1枚
水	3カップ
味噌	大さじ1
オイスターソース	大さじ1/2
粗挽き黒こしょう	小さじ1/2
太白ごま油	大さじ1/2
ごま油	大さじ1
大葉（せん切り）	5枚分

◎ 作り方

1 油揚げはせん切りにする。大根は皮を除き、スライサーでせん切りにする。
2 鍋に太白ごま油と油揚げを入れ、中火にかけて炒める a。香りが出たら、味噌、オイスターソースを加えて炒め合わせる。
3 2に水を注いで煮立たせたら、弱火にして蓋をし、5分煮る。
4 大根を加えてさっと煮て、黒こしょう、ごま油で香りをつける。大葉をのせていただく。

a

細ねぎと油揚げのスープ

こちらも油揚げをだしに使ったピリ辛スープ。細ねぎと油揚げの大きさを揃え、すっと軽やかに飲めるように仕上げました。

スープ

◎ 材料（2〜3人分）

細ねぎ	5本
油揚げ	1枚
水	3カップ
豆板醤	小さじ1
醤油	大さじ1/2
花椒粉（p.11）	小さじ1/2
太白ごま油	大さじ1/2

◎ 作り方

1 油揚げを5mm角ほどの粗みじん切りにする a。細ねぎは5mm幅の小口切りにする。
2 鍋に太白ごま油と油揚げを入れて中火にかけて炒め、香りが出たら、豆板醤、醤油を加えて炒め合わせる。
3 2に水を注いで煮立たせたら、弱火にして蓋をし、5分煮る。
4 細ねぎを入れてさっと煮たら火を止め、花椒粉をふる。

a

桜えびのスープ

風味豊かな桜えびはクイックスープに最適な食材です。
キャベツはせん切り、レタスはちぎって、さっと火が通りやすいように。

桜えびとキャベツのスープ

◎材料（2～3人分）
キャベツ……200g
桜えび（乾物）……3g
水……3カップ
酒……大さじ2
粗塩……小さじ1/2
粗挽き黒こしょう
　……少々
ごま油……大さじ1

◎作り方
1 キャベツは繊維を断ち切るようにせん切りにする。
2 鍋に水、酒、桜えびを入れて中火にかけ、煮立たせたら弱火にして蓋をし、5分煮る。
3 2にキャベツを入れてさっと煮て、粗塩で味を調え、黒こしょう、ごま油で香りをつける。

桜えびとレタスのスープ

◎材料（2～3人分）
レタス……1/2個（200g）
桜えび（乾物）……3g
水……3カップ
酒……大さじ2
粗塩……小さじ1/2
粗挽き黒こしょう…少々
ごま油……大さじ1

◎作り方
1 レタスはひと口大にちぎる。
2 鍋に水、酒、桜えびを入れて中火にかけ、煮立たせたら弱火にして蓋をし、5分煮る。
3 2にレタスを入れてさっと煮て、粗塩で味を調え、黒こしょう、ごま油で香りをつける。

豚バラ肉と里芋のスープ

豚バラ肉と里芋で、ちょっとごちそう。豚肉は炒めると旨味を増すため、香味野菜と醤油を足すだけでおいしいスープに。

◎材料（2〜3人分）
豚バラ肉（薄切り）… 100g
里芋 ……… 2〜3個（250g）
生姜（薄切り）…… 1かけ分
長ねぎ（白い部分、薄切り）
……………………… 10cm分
長ねぎ（青い部分、小口切り）
…………………………… 少々
酒 ……………… 大さじ1
醤油 …………… 大さじ1
水 ……………… 3カップ
粗塩 ………… 小さじ1/2
粗挽き黒こしょう
………………………… 少々

◎作り方

1　豚バラ肉は2cm長さに切る。里芋は皮を除き、1cm厚さに切る。
2　鍋に豚バラ肉を入れて中火にかけ、脂が出るまで弱火でじっくり炒める a 。
3　2に生姜、長ねぎ（白い部分）、酒、醤油の順に入れて炒め合わせ、里芋を加える。
4　3に水を注いで煮立たせたら弱火にして蓋をし、10分煮る。粗塩で味を調え、黒こしょうで香りをつける。長ねぎ（青い部分）をちらす。

a

漬けものはだしの素。

漬けものの残りがあればしめたもの。発酵食品の漬けものは、酸味と塩味と旨味

ザーサイと卵のスープ

◎材料（2〜3人分）
ザーサイ（せん切り）……… 30g
卵 ……………………………… 2個
水 …………………………… 3カップ
片栗粉 … 大さじ1（水大さじ2で溶く）
ごま油 ……………………… 大さじ1/2
粗挽き黒こしょう …………… 少々
香菜（みじん切り）………… 1本分

◎作り方
1 鍋に水、ザーサイを入れて中火にかけ、煮立たせたら弱火にして3分煮る。
2 水溶き片栗粉でとろみをつけ、強火にして溶き卵を流し入れ、黒こしょう、ごま油で香りをつけ、香菜を散らす。

高菜漬けと厚揚げのスープ

◎材料（2〜3人分）
高菜漬け ………………………… 50g
厚揚げ（薄切り）……………… 1枚分
唐辛子（輪切り）……………… 少々
水 …………………………… 3カップ
長ねぎ（白髪ねぎ）…… 10cm分
粗塩 ……………………………… 少々
粗挽き黒こしょう ……………… 少々
ごま油 ………………………… 小さじ1

◎作り方
1 高菜漬けは5mm幅に切る。
2 鍋にごま油、唐辛子、高菜漬けを入れて中火にかけ、香りが出るまで炒める。
3 2に水を注いで厚揚げを入れ、煮立たせたら弱火にして蓋をし、10分煮る。粗塩で味を調え、黒こしょうで香りをつける。白髪ねぎをのせていただく。

発酵の旨味を水分に移して

のバランスがばつぐん。炒めたり、水で煮たりすることで、風味豊かなスープになります。

冬菜と豆腐のスープ

◎ 材料（2〜3人分）
冬菜 ……………………… 20g
絹ごし豆腐 ……… 1丁（300g）
片栗粉
　…大さじ1（水大さじ2で溶く）
水 ………………………… 3カップ
ごま油 …………………… 大さじ1/2
粗挽き黒こしょう ……… 少々

◎ 作り方
1 冬菜はさっと洗って水気をきる。
2 鍋に1、水を入れて中火にかけ、煮立たせたら、豆腐を入れてお玉の背で軽くつぶす。
3 ふたたび煮立たせたら弱火にして蓋をし、7〜8分煮る。水溶き片栗粉でとろみをつけ、黒こしょう、ごま油で香りをつける。

スープ

野沢菜漬けとちくわのスープ

◎ 材料（2〜3人分）

野沢菜漬け …………… 50g	みょうが（小口切り）… 1個分
ちくわ ………………… 2本	粗塩 …………………… 少々
水 …………………… 3カップ	粗挽き黒こしょう ……… 少々
生姜（みじん切り）… 1かけ分	太白ごま油 ………… 大さじ1

◎ 作り方
1 野沢菜漬けは5mm幅に切る。ちくわは斜め薄切りにする。
2 鍋に太白ごま油、野沢菜漬けを入れて中火にかけ、香りが出るまで炒める a。
3 2に生姜を加えて炒め合わせ、水を注いで煮立たせたら、ちくわを入れて弱火にして蓋をし、5分煮る。粗塩で味を調え、黒こしょうで香りをつけ、みょうがを散らす。

a

体調を整えるには
スープがいちばんです

忙しい毎日のなかで、なんとなく体の不調を感じることは
誰しも経験のあることです。
そんなとき何を食べたらいいのか迷うことも。
これから紹介するのは体の調子をよく整えてくれるスープです。
食で体を支える。中国古来の知恵が助けになりますように。

丸ごと玉ねぎと手羽中のスープ

玉ねぎも鶏肉も脾胃を整える食材といわれ、
なんとなく食欲がないというようなときによく食べます。
エキスが滲み出したスープも飲み干してください。

◎ 材料（2～3人分）
玉ねぎ（中）……… 2個（350g）
手羽中 ……………………… 4本
粒こしょう（黒）……… 15粒
酒 …………………… 1/2カップ
水 …………………… 3カップ
塩こうじ
　…… 大さじ2（なければ粗塩小さじ1/2）
イタリアンパセリ …………… 少々

◎ 作り方
1　玉ねぎは皮を除き、上部と根元を少し切って整える。
2　手羽中は水（分量外）からゆでて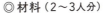、アクをよけて取り出し、水気をきる。
3　鍋に1、2、粒こしょう、酒、水を入れて中火にかけ、煮立たせたら弱火にして蓋をし、20分煮る。塩こうじで味をつけ、イタリアンパセリをのせる。

a

b

c

d

長芋と白きくらげの豆乳スープ

長芋も白きくらげも白い食材で、肺や喉を潤す働きがあります。
冬の乾燥した季節に感じやすい不調は、このスープではねのけて。

◎ 材料（2～3人分）

長芋	200g
白きくらげ（乾物）	5g
生姜粉a	大さじ1/2（なければ、すりおろし大さじ2）
豆乳	3カップ
水	1/2カップ
粗塩	小さじ1/2
粗挽き黒こしょう	少々
ごま油	小さじ1

◎ 作り方

1. 白きくらげはひと晩水（分量外）に浸けて戻す b。長芋は皮を除き、すりおろす。
2. 鍋に豆乳、白きくらげ、水を入れて中火にかけ、焦げないようにゆっくりと煮立たせたら、生姜粉を入れて5分煮る。
3. 2に長芋を加えて煮立たせ、粗塩で味を調え、黒こしょう、ごま油で香りをつける。

a

b

酸辣湯

ビタミンやミネラルを多く含み、体を温め、血の巡りをよくしてくれる黒酢の酸味と乾物の旨味が渾然一体となった定番スープです。

◎ 材料（2～3人分）
　きくらげ（乾物）……………… 10g
　干ししいたけ ………………… 4個
　厚揚げ ………………… 1枚（200g）
　水 ……………………… 3と1/2カップ
　白こしょう …………………… 小さじ1
　黒酢 …………………………… 大さじ2
　醤油、ごま油 ………… 各大さじ1/2
　粗塩 …………………………… 小さじ1/3
　片栗粉 ……… 大さじ1（水大さじ2で溶く）

◎ 作り方
1　きくらげ、干ししいたけは、ひと晩水（分量外）に浸けて戻すa、b。きくらげは石づきを除き、洗って水気をきる。干ししいたけは軸を除き、薄切りにする。
2　鍋に1、水を入れて中火にかけ、煮立たせたら弱火にして蓋をし、15分煮る。
3　2に黒酢、醤油、粗塩、白こしょうを入れて味を調え、せん切りにした厚揚げを加えて3分程度煮る。水溶き片栗粉でとろみをつけ、ごま油で香りをつける。

a

b

スープ

105

れんこんとはすの実、はとむぎ、生麩のスープ

気持ちを安定させる働きのあるはすの実や体の余分な熱を払うはとむぎなど、それぞれ生薬ともなる食材をスープに。よく眠れない日がつづくときにも。

◎ 材料（2〜3人分）
干し貝柱……4個
はすの実……15g
はとむぎ……50g
生麩……100g
れんこん（すりおろし）
　……100g
酒……1/2カップ
水……4カップ
粗塩……小さじ2/3
粗挽き黒こしょう
　……少々
ごま油……大さじ1
細ねぎ（小口切り）
　……2〜3本分

◎ 作り方
1　干し貝柱、はすの実は、それぞれひと晩水（分量外）に浸けて戻す a、b。
2　鍋に酒、水、さっと洗って水気をきったはとむぎを入れてひと晩おく。
3　2に1を加えて中火にかけ、煮立たせたら弱火にして蓋をし、1時間煮る。
4　粗塩で味を調え、れんこんを入れて、2〜3分煮たら、ひと口大に切った生麩を加えてさっと煮る。黒こしょう、ごま油で香りをつけ、細ねぎを散らす。

a

b

春雨と干しえび、ゆりね、クコの実のスープ

余分な湿熱を払って、むくみにも効果的な緑豆春雨が、干しえびの旨味をたっぷり吸ったスープです。体をしっかり温め、冷えをとりましょう。

◎ 材料（2〜3人分）
干しえび……… 20g
ゆりね………… 50g
春雨…………… 30g
生姜（せん切り）
　……………… 1かけ分
長ねぎ（薄切り）
　……………… 10cm分
クコの実……… 15g
卵……………… 1個
酒…………… 1/2カップ
水…………… 3カップ
オイスターソース
　………… 大さじ1/2
粗塩……… 小さじ1/2
粗挽き黒こしょう
　………………… 少々
太白ごま油…… 大さじ1

◎ 作り方
1　干しえびはひと晩水（分量外）に浸けて戻し a、粗く刻む。春雨は20分ほど水（分量外）に浸けて戻し、水気をきる。
2　鍋に太白ごま油、干しえび、生姜、長ねぎを入れて中火にかけ、香りが出るまで炒めたら、酒を加えて煮立たせる。さらに水を注いで煮立たせたら、弱火にして蓋をし、10分煮る。
3　2に春雨を入れてさっと煮たらゆりねを加え、オイスターソース、粗塩で味を調える。強火にして溶き卵を流し入れ、黒こしょうで香りをつけ、クコの実を散らす。

豆腐とカニ、マコモダケのスープ

マコモダケは食欲不振にも風邪のときにもおすすめのスーパーフード。
豆腐やカニなどたんぱく質を合わせたスープで体力チャージしましょう。

◎ 材料（2〜3人分）

絹ごし豆腐 —— 1丁（300g）
カニの身（缶詰でも） —— 50g
マコモダケ —— 2本
葛粉 —— 大さじ1と1/2
（水大さじ2で溶く）
生姜（すりおろし） —— 大さじ1
酒 —— 1/2カップ
水 —— 3カップ
粗塩 —— 小さじ2/3
粗挽き黒こしょう —— 少々
ごま油 —— 大さじ1

◎ 作り方

1 鍋に水、酒、生姜を入れて中火にかけ、煮立たせたら2分煮る。

2 1に豆腐を入れ、お玉の背で軽くつぶしa、煮立たせたら5分煮る。カニの身を入れてさらに2分煮る。

3 マコモダケは皮を除き、せん切りにしてb、2に加え、さっと煮る。粗塩で味を調え、水溶き葛粉でとろみをつけ、黒こしょう、ごま油で香りをつける。

a

b

九条ねぎとじゃこ、ゆば、白味噌のスープ

ちょっと喉がいたいというようなときに食べたいのがねぎ類です。
熱を取り除き、肺を潤す働きのあるゆばを合わせ、風邪の対策としましょう。

◎材料（2〜3人分）
じゃこ　　　　　　30g
九条ねぎ（わけぎでも）
　　　　　　　　　2〜3本
ゆば（日本のもの）　15g
酒　　　　　　　　大さじ2
白味噌　　　　　　大さじ3
水　　　　　　　　3カップ
粗塩　　　　　　　少々
太白ごま油　　　　大さじ1
粗挽き黒こしょう　少々

◎作り方
1　九条ねぎは斜め薄切りにする。
2　鍋に太白ごま油、じゃこを入れて中火にかけ、香りが出るまで炒めるa。酒を入れて煮立たせ、さらに水を注いで煮立たせたら弱火にして蓋をし、10分煮る。
3　白味噌、粗塩を入れて味を調え、ゆばを加えて、2分煮る。黒こしょうで香りをつけ、1を入れてさっと煮る。

a

◎ 鍋

● 野菜

[オクラ]
豆腐とオクラ、ズッキーニの鍋 ……… 84

[かぶ]
かぶと豚肉の鍋 ………………………… 16

[カリフラワー]
カリフラワーの豆乳鍋 ………………… 14

[黄ニラ]
えび団子鍋 ……………………………… 42

[きのこ]
ぶりのしゃぶしゃぶ　麻辣風味鍋 … 32
かじきの高菜漬け鍋 …………………… 38
えび団子鍋 ……………………………… 42
鶏肉団子とわかめ、しめじ、
　山芋すりおろしの鍋 ………………… 50
豚肉団子と小松菜、エリンギの鍋 … 52
麻辣鍋 …………………………………… 62
八宝うどん鍋 …………………………… 76

[キャベツ]
えび餃子鍋 ……………………………… 44
かた焼きそばの海鮮鍋 ………………… 74

[空芯菜]
いかと豆腐のピリ辛鍋 ………………… 46

[九条ねぎ]
麻辣鍋 …………………………………… 62

[クレソン]
牛肉とクレソンの鍋 …………………… 18

[ケール]
骨つき鶏もも肉とケールの水炊き … 24

[ごぼう]
鶏肉とささがきごぼうの鍋 …………… 30

[小松菜]
豚肉団子と小松菜、エリンギの鍋 … 52

[ゴーヤー]
豚しゃぶと香味野菜の鍋 ……………… 82

[里芋]
菊花鍋 …………………………………… 68

[香菜]
茶鍋 ……………………………………… 64
羊のしゃぶしゃぶ (涮羊肉) ………… 60
冬瓜と貝柱の鍋 ………………………… 78
豚しゃぶと香味野菜の鍋 ……………… 82

[春菊]
ぶりのしゃぶしゃぶ　麻辣風味鍋 … 32
合いびき肉団子と春菊、長ねぎの鍋 … 58

[生姜]
豚肉と白菜の鍋 ………………………… 26
ぶりのしゃぶしゃぶ　麻辣風味鍋 … 32
酒鍋 ……………………………………… 34
サーモンと焼き豆腐、青梗菜の鍋 … 36
かじきの高菜漬け鍋 …………………… 38
えび団子鍋 ……………………………… 42
鶏肉団子の酒粕風味鍋 ………………… 48
鶏肉団子とわかめ、しめじ、
　山芋すりおろしの鍋 ………………… 50
豚肉団子と小松菜、エリンギの鍋 … 52
豚肉団子とれんこん、セロリの鍋 … 54
合いびき肉団子とブロッコリー、
　玉ねぎの鍋 …………………………… 56
合いびき肉団子と春菊、長ねぎの鍋 … 58
茶鍋 ……………………………………… 64
酸菜鍋 …………………………………… 66
菊花鍋 …………………………………… 68
ココナッツ鍋 …………………………… 72
かた焼きそばの海鮮鍋 ………………… 74
八宝うどん鍋 …………………………… 76
冬瓜と貝柱の鍋 ………………………… 78
豚しゃぶと香味野菜の鍋 ……………… 82

[食用菊]
菊花鍋 …………………………………… 68

[ズッキーニ]
豆腐とオクラ、ズッキーニの鍋 ……… 84

[セロリ]
豚肉団子とれんこん、セロリの鍋 … 54

[大根]
ぶりのしゃぶしゃぶ　麻辣風味鍋 … 32
鶏肉団子の酒粕風味鍋 ………………… 48
羊のしゃぶしゃぶ (涮羊肉) ………… 60
酒鍋 ……………………………………… 34

[たけのこ]
はまぐりと豆腐、たけのこの鍋 ……… 40

[玉ねぎ]
玉ねぎと鶏もも肉の鍋 ………………… 12
合いびき肉団子とブロッコリー、
　玉ねぎの鍋 …………………………… 56
牛しゃぶとレタスの鍋 ………………… 86

[青梗菜]
サーモンと焼き豆腐、青梗菜の鍋 … 36

[冬瓜]
冬瓜と貝柱の鍋 ………………………… 78

[豆苗]
がんもどきと豆苗の鍋 ………………… 20

[トマト]
トマトと羊肉のミント鍋 ……………… 80

[長ねぎ]
ぶりのしゃぶしゃぶ　麻辣風味鍋 … 32
かじきの高菜漬け鍋 …………………… 38
鶏肉団子の酒粕風味鍋 ………………… 48
鶏肉団子とわかめ、しめじ、
　山芋すりおろしの鍋 ………………… 50
豚肉団子と小松菜、エリンギの鍋 … 52
豚肉団子とれんこん、セロリの鍋 … 54
合いびき肉団子と春菊、長ねぎの鍋 … 58
涮羊肉 (羊のしゃぶしゃぶ) ………… 60
酸菜鍋 …………………………………… 66
菊花鍋 …………………………………… 68
腐乳鍋 …………………………………… 70
ココナッツ鍋 …………………………… 72
かた焼きそばの海鮮鍋 ………………… 74
八宝うどん鍋 …………………………… 76

[ニラ]
八宝うどん鍋 …………………………… 76

[にんじん]
鶏肉団子の酒粕風味鍋 ………………… 48

[白菜]
豚肉と白菜の鍋 ………………………… 26
羊のしゃぶしゃぶ (涮羊肉) ………… 60

[パクチョイ]
羊のしゃぶしゃぶ (涮羊肉) ………… 60

[ブロッコリー]
合いびき肉団子とブロッコリー、
　玉ねぎの鍋 …………………………… 56

[マコモダケ]
菊花鍋 …………………………………… 68

[水菜]
厚揚げと水菜のごま風味鍋 …………… 22

[三つ葉]
はまぐりと豆腐、たけのこの鍋 ……… 40

[みょうが]
鶏肉団子とわかめ、しめじ、
　山芋すりおろしの鍋 ………………… 50
菊花鍋 …………………………………… 68
豚しゃぶと香味野菜の鍋 ……………… 82

[ミント]
トマトと羊肉のミント鍋 ……………… 80

[もやし]
ゆばともやしの鍋 ……………………… 28
腐乳鍋 …………………………………… 70

[山芋]
鶏肉団子とわかめ、しめじ、
　山芋すりおろしの鍋 ………………… 50

[レタス]
牛しゃぶとレタスの鍋 ………………… 86

[れんこん]
豚肉団子とれんこん、セロリの鍋 … 54
ココナッツ鍋 …………………………… 72

● 肉

[鶏肉]
玉ねぎと鶏もも肉の鍋 ………………… 12
骨つき鶏もも肉とケールの水炊 … 24
鶏肉とささがきごぼうの鍋 …………… 30
鶏肉団子の酒粕風味鍋 ………………… 48
鶏肉団子とわかめ、しめじ、
　山芋すりおろしの鍋 ………………… 50
菊花鍋 …………………………………… 68
ココナッツ鍋 …………………………… 72

[豚肉]
かぶと豚肉の鍋 ………………………… 16
豚肉と白菜の鍋 ………………………… 26
豚肉団子と小松菜、エリンギの鍋 … 52
豚肉団子とれんこん、セロリの鍋 … 54
合いびき肉団子とブロッコリー、
　玉ねぎの鍋 …………………………… 56
合いびき肉団子と春菊、長ねぎの鍋 … 58
酸菜鍋 …………………………………… 66
かた焼きそばの海鮮鍋 ………………… 74
八宝うどん鍋 …………………………… 76
豚しゃぶと香味野菜の鍋 ……………… 82

[牛肉]
牛肉とクレソンの鍋 …………………… 18
合いびき肉団子とブロッコリー、
　玉ねぎの鍋 …………………………… 56
合いびき肉団子と春菊、長ねぎの鍋 … 58
麻辣鍋 …………………………………… 62
牛しゃぶとレタスの鍋 ………………… 86

[羊肉]
羊のしゃぶしゃぶ (涮羊肉) ………… 60
トマトと羊肉のミント鍋 ……………… 80

● 魚介

[魚]
ぶりのしゃぶしゃぶ　麻辣風味鍋 … 32
酒鍋 ……………………………………… 34
サーモンと焼き豆腐、青梗菜の鍋 … 36
かじきの高菜漬け鍋 …………………… 38

[いか]
いかと豆腐のピリ辛鍋 ………………… 46
八宝うどん鍋 …………………………… 76

[えび]
えび団子鍋 ………………………… 42
えび餃子鍋 ………………………… 44
茶鍋 ………………………………… 64
かた焼きそばの海鮮鍋 …………… 74
八宝うどん鍋 ……………………… 76

[貝]
はまぐりと豆腐、たけのこの鍋 ……… 40
かた焼きそばの海鮮鍋 …………… 74

● 卵
かた焼きそばの海鮮鍋 …………… 74

● 大豆製品
[厚揚げ・がんもどき]
がんもどきと豆苗の鍋 …………… 20
厚揚げと水菜のごま風味鍋 ……… 22
茶鍋 ………………………………… 64

[油揚げ]
えび団子鍋 ………………………… 42

[豆乳]
カリフラワーの豆乳鍋 …………… 14
ココナッツ鍋 ……………………… 72

[豆腐]
サーモンと焼き豆腐、青梗菜の鍋 … 36
はまぐりと豆腐、たけのこの鍋 ……… 40
いかと豆腐のピリ辛鍋 …………… 46
腐乳鍋 ……………………………… 70
豆腐とオクラ、ズッキーニの鍋 ……… 84

[ゆば]
ゆばともやしの鍋 ………………… 28
腐乳鍋 ……………………………… 70

● 漬けもの
かじきの高菜漬け鍋 ……………… 38
酸菜鍋 ……………………………… 66

● 海藻
鶏肉団子とわかめ、しめじ、
　　山芋すりおろしの鍋 ………… 50

● 乾物
[きくらげ]
かた焼きそばの海鮮鍋 …………… 74

[クコの実]
羊のしゃぶしゃぶ（涮羊肉）………… 60
八宝うどん鍋 ……………………… 76
豚しゃぶと香味野菜の鍋 ………… 82

[葛きり]
腐乳鍋 ……………………………… 70

[白きくらげ]
ココナッツ鍋 ……………………… 72

[ナツメ]
羊のしゃぶしゃぶ（涮羊肉）………… 60

[干しえび]
羊のしゃぶしゃぶ（涮羊肉）………… 60

[干し菊]
菊花鍋 ……………………………… 68

● 練りもの
八宝うどん鍋 ……………………… 76

● 麺
かた焼きそばの海鮮鍋 …………… 74
八宝うどん鍋 ……………………… 76

◎ スープ

● 野菜
[イタリアンパセリ]
丸ごと玉ねぎと手羽中のスープ ……102

[オクラ]
オクラと卵のスープ ……………… 95

[きゅうり]
きゅうりと卵のスープ …………… 94

[九条ねぎ]
九条ねぎとじゃこ、ゆば、
　　白味噌のスープ ……………… 109

[里芋]
豚バラ肉と里芋のスープ ………… 99

[香菜]
ザーサイと卵のスープ …………… 100

[生姜]
豚バラ肉と里芋のスープ ………… 99
野沢菜漬けとちくわのスープ …… 101
春雨と干しえび、ゆりね、
　　クコの実のスープ …………… 107
豆腐とカニ、マコモダケのスープ … 108

[大根]
大根と油揚げのスープ …………… 96

[玉ねぎ]
丸ごと玉ねぎと手羽中のスープ ……102

[とうもろこし]
とうもろこしと卵のスープ ……… 95

[トマト]
トマトと卵のスープ ……………… 94

[長芋]
長芋と白きくらげの豆乳スープ … 104

[長ねぎ]
長ねぎ焦がしスープ ……………… 92

グリーンピースと卵のスープ …… 95
豚バラ肉と里芋のスープ ………… 99
高菜漬けと厚揚げのスープ ……… 100
春雨と干しえび、ゆりね、
　　クコの実のスープ …………… 107

[細ねぎ]
細ねぎと油揚げのスープ ………… 97

[マコモダケ]
豆腐とカニ、マコモダケのスープ … 108

[みょうが]
きゅうりと卵のスープ …………… 94

[ゆりね]
春雨と干しえび、ゆりね、
　　クコの実のスープ …………… 107

[れんこん]
れんこんとはすの実、はとむぎ、
　　生麩のスープ ………………… 106

● 肉
[鶏肉]
丸ごと玉ねぎと手羽中のスープ ……102

[豚肉]
豚バラ肉と里芋のスープ ………… 99

● 魚介
豆腐とカニ、マコモダケのスープ … 108
九条ねぎとじゃこ、ゆば、
　　白味噌のスープ ……………… 109

● 卵
トマトと卵のスープ ……………… 94
きゅうりと卵のスープ …………… 94
グリーンピースと卵のスープ …… 95
とうもろこしと卵のスープ ……… 95
オクラと卵のスープ ……………… 95
ザーサイと卵のスープ …………… 100
春雨と干しえび、ゆりね、
　　クコの実のスープ …………… 107

● 大豆製品
[厚揚げ]
高菜漬けと厚揚げのスープ ……… 100
酸辣湯 ……………………………… 105

[油揚げ]
大根と油揚げのスープ …………… 96
細ねぎと油揚げのスープ ………… 97

[豆乳]
長芋と白きくらげの豆乳スープ … 104

[豆腐]
冬菜と豆腐のスープ ……………… 101
豆腐とカニ、マコモダケのスープ … 108

[ゆば]
九条ねぎとじゃこ、ゆば、
　　白味噌のスープ ……………… 109

● 漬けもの
ザーサイと卵のスープ …………… 100
高菜漬けと厚揚げのスープ ……… 100
冬菜と豆腐のスープ ……………… 101
野沢菜漬けとちくわのスープ …… 101

● 練りもの
野沢菜漬けとちくわのスープ …… 101

● 乾物・雑穀
[きくらげ]
酸辣湯 ……………………………… 105

[クコの実]
春雨と干しえび、ゆりね、
　　クコの実のスープ …………… 107

[桜えび]
桜えびとキャベツのスープ ……… 98
桜えびとレタスのスープ ………… 98

[白きくらげ]
長芋と白きくらげの豆乳スープ … 104

[はすの実]
れんこんとはすの実、はとむぎ、
　　生麩のスープ ………………… 106

[はとむぎ]
れんこんとはすの実、はとむぎ、
　　生麩のスープ ………………… 106

[春雨]
春雨と干しえび、ゆりね、
　　クコの実のスープ …………… 107

[干しえび]
春雨と干しえび、ゆりね、
　　クコの実のスープ …………… 107

[干ししいたけ]
酸辣湯 ……………………………… 105

ウー・ウェン

中国・北京生まれ。1990年に来日。
料理家、ウー・ウェンクッキングサロン主宰。
医食同源が根づいた中国の家庭料理とともに
中国の暮らしや文化を伝えている。

主な著書『ウー・ウェンの北京小麦粉料理』『大好きな炒めもの』
『ウー・ウェンの100gで作る北京小麦粉料理』
『ウー・ウェンの炒めもの』『ウー・ウェンの煮もの あえもの』
『ウー・ウェンの蒸しもの お粥』（いずれも高橋書店）、
『料理の意味とその手立て』（タブレ）、
『本当に大事なことはほんの少し』『10品を繰り返し作りましょう』
（大和書房）など。

ウー・ウェンクッキングサロンHP
https://cookingsalon.jp/
公式インスタグラム
https://www.instagram.com/wuwen_cookingsalon/

アート・ディレクション、デザイン　関　宙明（ミスター・ユニバース）
写真　広瀬貴子
スタイリング　伊藤まさこ
編集　太田祐子（タブレ）
プリンティング・ディレクター　金子雅一（TOPPAN）
企画・プロデュース　高橋インターナショナル

撮影協力
島るり子（草草舎）http://sososya.net
赤木明登（ぬりもの）http://www.nurimono.net
桐本泰一（輪島キリモト）http://kirimoto.net
土楽 https://www.doraku-gama.net
WESTSIDE33 https://www.westside33.jp
weeksdays https://www.1101.com/n/weeksdays/

ウー・ウェンの鍋スープ

著　者　ウー・ウェン
発行者　清水美成
発行所　株式会社高橋書店
〒170-6014
東京都豊島区東池袋3-1-1
サンシャイン60 14階
電話　03-5957-7103
ISBN 978-4-471-40892-3 © WU Wen Printed in Japan

●定価はカバーに表示してあります。
●本書および本書の付属物の内容を無断で転載することを禁じます。また、
本書および付属物の無断複写（コピー、スキャン、デジタル化等）、複製物の譲
渡および配信は著作権法上での例外を除き禁止されています。
●本書の内容についてのご質問は、「書名、質問事項（ページ、内容）、お客様の
ご連絡先」を明記のうえ、郵送、FAX、ホームページお問い合わせフォー
ムからお送りください。回答にはお時間をいただく場合がございます。
また、電話によるお問い合わせ、本書の内容を超えたご質問にはお答えでき
ませんので、ご了承ください。
●本書に関する正誤等の情報は、小社ホームページもご参照ください。

《内容についての問い合わせ先》
◎書面　〒170-6014
東京都豊島区東池袋3-1-1 サンシャイン60 14階 高橋書店編集部
◎FAX　03-5957-7079
◎メール　小社ホームページお問い合わせフォームから
（https://www.takahashishoten.co.jp/）

《不良品についての問い合わせ先》
電話 03-5957-7076 へお問い合わせください。
ページの順序間違い・抜けなど物理的欠陥がございましたら、
ただし、古書店等で購入・入手された商品の交換には一切応じられません。

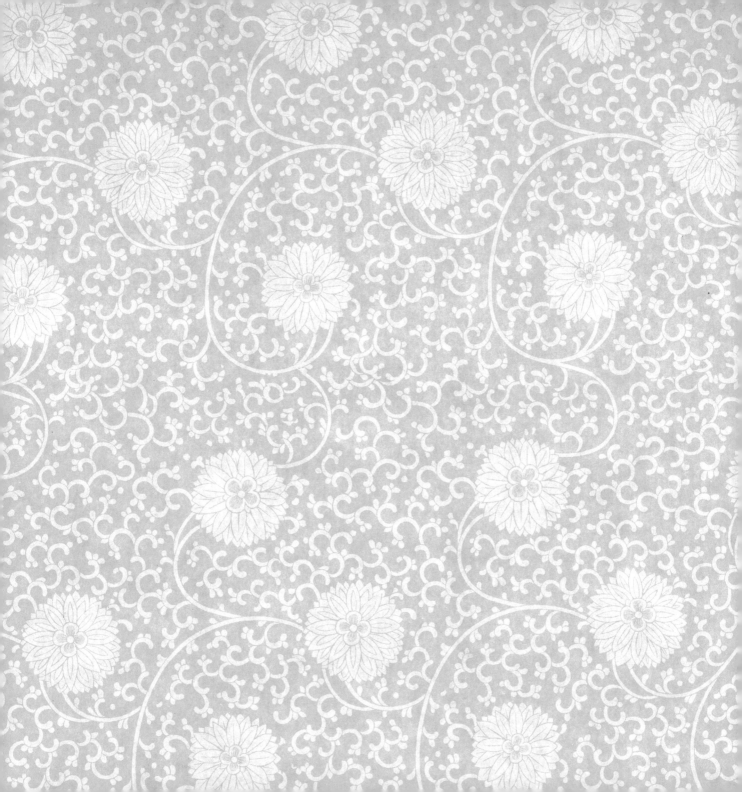